Luthers Weihnachten

Elke Strauchenbruch

LUTHERS WEIHNACHTEN

EVANGELISCHE VERLAGSANSTALT
Leipzig

Die Deutsche Bibliothek verzeichnet diese Publikation
in der Deutschen Nationalbibliografie;
detaillierte bibliografische Daten sind im Internet über
http://dnb.ddb.de abrufbar.

© 2011 by Evangelische Verlagsanstalt GmbH · Leipzig
Printed in EU · H 7439

Das Buch wurde auf alterungsbeständigem Papier gedruckt.

Gesamtgestaltung: Ulrike Vetter, Leipzig
Druck und Binden: GRASPO CZ a. S., Zlín

ISBN 978-3-374-02905-1
www.eva-leipzig.de

VORWORT

Weihnachten – das ist nichts mehr für mich. Wir haben keine kleinen Kinder mehr oder ich bin allein. Das hört man vor den Feiertagen oft. Doch selbst der größte Weihnachtsmuffel wird nach kurzem Nachdenken darauf kommen, dass er viele schöne Erinnerungen an frohe Festtage hat oder doch sich danach gesehnt hat.

Was bedeutet uns heute das höchste Fest der Christenheit? Viele reduzieren es auf Geschenke und Kommerz, manche erinnern sich daran, dass es um Christi Geburt geht, und kaum einer weiß, dass blühende Zweige zum Fest und selbst der Weihnachtsbaum ein Symbol für die Geburt und den Kreuzestod des Herrn sind. Heute freuen wir uns auf ein Familienfest und verbinden damit frohe Erwartung. Wir sehnen uns nach Frieden und *Wohlgefallen* in aller Welt. Niemals wird mehr gespendet als in der Weihnachtszeit und viele gehen dieses eine Mal im Jahr zum Gottesdienst in die Kirche. Das so häufig benutzte *Frohes Fest!* ist wohl noch immer mehr als eine Formel, es ist ein Wunsch, der uns allen gilt.

In Erinnerungen an die Feste unserer Kindheit tauchen die Geschenke nur am Rande auf. Das Wichtigste war uns die Geborgenheit in der Familie. Omas Lieblingslied *Kling Glöckchen klingelingeling* und der Geschmack der köstlichen Elisenlebkuchen, die sie für uns Enkel noch kurz vor ihrem

Tode gebacken hat, sind ganz wichtige Kindheitserinnerungen. Wir hatten bestimmt immer den höchsten und allerschönsten Weihnachtsbaum, weil unser Vater ihn kunstvoll aus mehreren Fichten zusammensetzte und dann mit größter Hingabe schmückte. Mutti buk mit uns Plätzchen, briet ein Federvieh und bereitete Karpfen zu. Wir Kinder bastelten mit Feuereifer Geschenke für unsere Eltern. Jede Schulstunde war von einem Weihnachtslied begleitet und Vatis Betrieb veranstaltete jedes Jahr für alle Kinder der Mitarbeiter eine unvergessliche Weihnachtsfeier.

Das Weihnachtsfest wird durch viele regional und familiär betriebene Bräuche verschönt, wie in meiner Kindheit im östlichen Harzvorland. Einige der mit ihm verbundenen Bräuche reichen bis weit in die Geschichte zurück, andere sind relativ modern. Ihre Ursprünge sind christlich oder stammen oftmals sogar aus heidnischer Zeit. Immerhin liegen das Weihnachtsfest und die Wintersonnenwende kalendarisch eng zusammen. Die Natur erscheint in den dunkelsten Tagen des Jahres bedrohlich. Um sich vor allem Übel zu schützen, hielt man sich an alte Überlieferungen: *Zwischen den Jahren sollte man keine Wäsche waschen* – das weiß wohl noch immer jeder. Ebenso wichtig ist es, eine Schuppe des zum Fest verzehrten Fisches in der Geldbörse aufzuheben, denn das lässt die nötigen Pfennige im kommenden Jahr in unseren Taschen klingen. Wir genießen die Reste der alten Mythen in dem Glauben, die Welt heute besser zu beherrschen und alles besser zu wissen. Und doch entwickeln wir noch immer wohlige Gefühle, wenn man die Kerzen anzündet, am warmen Ofen zusammenrückt, sich der Geruch von Räucherkerzen und Bratäpfeln mit dem von Pfefferkuchen verbindet, wenn man Geschichten und Märchen erzählt, gemeinsam musiziert oder singt und ein besonderes Essen genießt.

Dieses Buch möchte an die Geschichte des Festes in unserer Heimat erinnern. Es möchte jeden Leser ermuntern, das schönste Fest des Jahres für sich neu zu entdecken und alle Jahre wieder neu nach eigenem Behagen zu gestalten. Wir stehen damit in einer langen Tradition. Das Weihnachtsfest wurde lange Zeit vor allem in den Kirchen gefeiert. Erst Martin Luther trug entscheidend dazu bei, dass Weihnachten heute vor allem ein Familienfest geworden ist. Seine Ideen wurden im Laufe der Jahrhunderte überformt und viel Neues wurde ausprobiert. Im 19. Jahrhundert holte man den Reformator wieder hervor und stellte ihn und seine Familie auf einer Grafik unter dem Weihnachtsbaum dar. Dieses Bild fand in Windeseile weite Verbreitung und half nicht nur dem Weihnachtsbaum bei seinem Einzug in die Wohnzimmer, sondern wurde innerhalb weniger Jahre zum überall bekannten Symbol der deutschen Weihnacht. Das Brauchtum des Volkes hat sich immer weiter entwickelt, alte Formen und neue miteinander verbunden, manches verworfen, anderes wieder auferstehen lassen. Die Form des Festes verändert sich, doch nicht sein ursprünglicher Sinn – die Feier der Geburt des Heilands.

Ich danke der Verlegerin Dr. Annette Weidhas, die mich auf dieses schöne und sogar spannende Thema gebracht hat, und der Lektorin Hedwig Gafga, mit der zu arbeiten eine Freude war. Ich bin meiner Familie und Freunden für viele unvergesslich schöne Stunden gerade in der

Weihnachtszeit dankbar. Einige der hier angesprochenen Themenkreise, wie das Adventsfasten oder das Kindleinwiegen, wurden bisher kaum oder gar nicht behandelt. Gespräche mit Prof. Dr. Wolf D. Hartmann, Dr. Stefan Rhein und Andreas Wurda erwiesen sich wieder einmal als fruchtbar. Ganz besonders danke ich Anton Hieke und Dr. Gerhard Seib für die Überlassung sehr seltener Grafiken aus ihren privaten Sammlungen.

Das Glück der Kindheit ist leider nicht allen Menschen beschieden. So möchte ich meiner Schwester Petra Wißler ein Denkmal setzten, die vor zwanzig Jahren in der Weihnachtszeit uns und vor allem ihre über alles geliebten und noch kleinen Söhne verlassen musste.

Ich widme dieses Buch meinem Enkel Philipp Anton Stiegler, der just in dem Augenblick geboren wurde wie die Idee zu diesem Büchlein. Ich wünsche ihm und allen Kindern von Herzen eine ebenso unbeschwerte und schöne Weihnachtszeit, wie ich sie in meiner Kindheit mit meinen Geschwistern und Schulfreunden erleben durfte.

Elke Strauchenbruch

INHALT

KAPITEL 1
WEIHNACHTEN VOR BEGINN
DER REFORMATION

Das Martinsfest an der Scheide
zwischen Sommer und Winter 15
Vom Fasten in der Adventszeit
und von den Butterbriefen 26
Wilde Bräuche und fromme Gabenbringer 30
Luthers Kindheit zwischen Berggeistern und Bildung 36
Kindelwiegen und Tanz um den Altar 45
Weihnachten im Schwarzen Kloster zu Wittenberg 50

KAPITEL 2
WEIHNACHTEN IM
LUTHERHAUS ZU WITTENBERG

Weihnachten in Luthers Predigttätigkeit 59
Weihnachten in der Familie – der Versuch
der Neugestaltung des Brauchtums 65
Zwischen Überfluss und Lebensmittelteuerung 70
Neujahrsgeschenke, Geisterabwehr
und Dreikönigsessen 75

KAPITEL 3
FÜR DIE RECHTE CHRISTLICHE
CELEBRATION DER HEILIGEN ZEIT

Zur Bescherung allerley Puppenwerk 83
Eine kurtze Comedien von der Geburt
des Herrn Christi 88
Wir armen Schüler waren wohl
rechte geplagte Märtyrer 93
Weihnachtsunfug 97
Der Tag der Lichter, weil allenthalben Lichter
in der Nacht angezündet wurden 101
Pyramiden, Paradiesbäume,
Weihnachtsmeyen und Gabentische 105
Vom Weihnachtsfest im Biedermeier – eine Bildfolge 116

KAPITEL 4
WEIHNACHTEN MIT LUTHER
UNTERM LICHTERBAUM

Der Lutherhof, ein Rettungshaus
für heimatlose Jungen 123
Luther im Kreise seiner Familie – die bildliche
Darstellung der »deutschen Weihnacht« 131

KAPITEL 1

WEIHNACHTEN VOR BEGINN DER REFORMATION

Das Weihnachtsfest war im Festkreis des Jahres von jeher ein besonderer Höhepunkt. Der Gedanke an Weihnachten verbindet sich heute meist mit Geschenken, Weihnachtsbaum und dem Wohlgeruch von weihnachtlichem Backwerk und Weihnachtsbraten. Viele besuchen als einzigen Gottesdienst des Jahres die Weihnachtsmesse. Den Duft von Weihnachten verbanden schon Martin Luther und seine Zeitgenossen mit Weihrauch und Kerzenlicht in den kirchlichen Gottesdiensten, mit dem Geruch der Pfefferkuchen und des Weihnachtsessens. Als Luther mit den Thesen den Beginn der Reformation auslöste, hatte der inzwischen Vierunddreißigjährige in seiner Familie, in seinen Schulen, Universitäten und Klöstern eine Fülle von festlichen Bräuchen erlebt. Sonntage, Heiligenfeste, Advent, Weihnachten, Neujahr, Fastenzeit, Ostern, Pfingsten und Michaelis, aber auch Aussaat und Ernte gaben dem Jahr eine gewisse Ordnung. Dieser Jahresfestkreis wurde mit kirchlichen, heidnischen und weltlichen Feiern und Bräuchen umgeben, die teilweise miteinander verschmolzen. Der Alltag der Menschen wurde nicht nur durch die Jahreszeiten, sondern auch durch die Sonn- und Feiertage geordnet. Arbeit und Ruhe, Fasten und Genuss gaben dem Leben seinen Rhythmus. Sie verbanden die Festtage mit ihrem Glauben, in dem sie aufgewachsen waren und der ihrem Leben Halt und Geborgenheit gab. Der Festkreis des Jahres war und ist regional und sozial geprägt. Herkunft und Berufe der Menschen spielten eine entscheidende Rolle. Der Festkreis und das mit ihm verbundene Brauchtum veränderten sich über die Zeiten und passten sich immer wieder den historischen und gesellschaftlichen Entwicklungen an.

Vor der Reformation hielt man über Weihnachten eine sehr strenge Fastenzeit, die vom 12. November, dem Tag nach dem Martinstag, über Neujahr hinaus bis zu Epiphanias, dem Dreikönigstag, hin reichte. Man nannte sie die Adventsfasten. Nur an den dazwischen liegenden Wochenenden und Feiertagen wurde das Fasten unterbrochen und dauerte also zwischen dem Martinstag bis zum Dreikönigstag volle 40 Tage lang. Man kann sich leicht vorstellen, wie die Unterbrechung der Fastenzeit die Gemüter beschäftigte und die Menschen auf die Feiertage hin leben ließ. Da die Zeit des Wartens auf Weihnachten besonders Kinder tief beeindruckt und Erwachsenen in ihrer Erinnerung verbleibt, liegt die Vermutung nahe, dass auch Luther von den weihnachtlichen Erlebnissen in seiner Kindheit geprägt war. Das Herannahen des großen Festes und schließlich die Weihnachtsfeiern werden den jungen Mann innerlich bewegt haben.

DAS MARTINSFEST AN DER SCHEIDE ZWISCHEN SOMMER UND WINTER

Martin Luther wurde am 10. November 1483 in Eisleben geboren und am folgenden Tage, dem Martinstag, in der dortigen Paulskirche auf den Namen des Tagesheiligen getauft. Seine Geburtsstadt Eisleben befindet sich im Mansfelder Land im Vorland des Ostharzes. Die Familie zog bald nach Martins Geburt in das benachbarte Städtchen Mansfeld um. Geburtstags- oder Namenstagsfeiern im heutigen Sinne waren noch nicht üblich. Im Gegenteil, selbst in höher gestellten Kreisen feierte man aus diesem Anlass offenbar nur selten. Doch wir wissen, dass der erwachsene Luther sich zu seinem Geburtstag gerne in seinem Hause mit seinen Freunden zusammenfand und dann mit ihnen ein gutes Essen genoss, das seine Frau Katharina mit ihren Mägden zubereitet hatte. So versammelten sich 1532 Justus Jonas, Philipp Melanchthon, Johann Bugenhagen und Caspar Cruziger an seinem Tisch und verzehrten in fröhlicher Runde ein von den Fürsten zu Anhalt geschenktes Wildschwein. Auch seinen letzten Geburtstag feierte der Reformator 1545 vergnügt mit Melanchthon, Bugenhagen, Cruziger und den damals noch jungen Theologen Georg Major und Paul Eber. Männerrunden zu Luthers Geburtstag? Wir wissen es nicht, denn die Männer, die uns die Nachrichten von Luthers Leben hinterlassen haben, fanden Frauen kaum erwähnenswert, ebenso wenig wie Kinder oder das Alltagsleben insgesamt, dessen Gestaltung doch meist in den Händen der Frauen gelegen hat. Immerhin wissen wir durch einen erhalten gebliebenen Brief an die anhaltischen Fürsten, dass es zur Geburtstagsfeier am Vorabend des Martinstages nicht unbedingt die althergebrachte und in Deutschland weit verbreitete Martinsgans sein musste, die auf den Tisch im Lutherhause kam.

Der Namenspatron bei der Taufe Luthers ist der hl. Martin. Lukas Cranach hat 1504 in einer Zeichnung den reitenden Heiligen dargestellt, wie er vor einem Stadttor seinen Mantel zerteilt, um die eine Hälfte einem knienden Bettler zu geben. Martin wurde in Ungarn als Sohn eines römischen Offiziers geboren und musste darum dem Römischen Reich als Soldat dienen. Aus dieser Zeit seines Lebens stammt die Geschichte, die Cranach auf seiner Zeichnung erzählt und die heute eine der bekanntesten Geschichten um den Heiligen ist. Als junger Mann soll er sich bei Worms vor einer Schlacht als Christ geoutet und den weiteren Militärdienst verweigert haben. Martin wurde der dritte Bischof von Tours und ist im damals hohen Alter von 81 Jahren gestorben. Die in diesen vielen Jahren um seine Person entstandenen Legenden haben ihn zu einem der meistverehrten Heiligen der gesamten Christenheit gemacht. So wurde Martin zum Beispiel der Schutzheilige von Frankreich und Thüringen. Das thüringische Eichsfeld und die Stadt Erfurt verehren ihn noch heute ganz besonders. Spätestens seit 1224 läuten in Erfurt am Abend des 11. Novembers zum Gedenken an den Heiligen die Glocken. Er genießt die besondere Verehrung der Soldaten, Reiter, Huf- und Waffenschmiede, Weber, Gerber, Schneider, Bürstenbinder, Gürtel-, Handschuh- und Hutmacher, Böttcher, Müller, Hotelbetreiber, Gastwirte, Winzer, Armen, Bettler, Flüchtlinge, Gefangenen und der Reisenden. Er schützt vor Ausschlag, Schlangenbiss und Rotlauf, sorgt für gutes Gedeihen der Feldfrüchte und ist Schutzpatron besonders der Pferde, Hunde und der Gänse. Bei den Gänsen zeigt sich wohl auch der Humor des Volkes, wie ein alter Vers beweist:

> *Was haben doch die Gänse getan,*
> *daß so viele müssen's Leben lan?*
> *Die Gäns mit ihrem Dadern*
> *Sankt Martin han verraten,*
> *Darum tut man sie braten.*[1]

Der Martinstag war also schon lange vor Luthers Geburt ein in vielerlei Hinsicht wichtiger Tag im Leben der Menschen. Er steht an der Scheide zwischen Sommer und Winter und das zeigt sich auch im kirchlichen und weltlichen Brauchtum. Da man die Ernte eingebracht hatte, erwarteten Herrschaft und Kirche ihre Abgaben, die man während Luthers Kindheit meist noch in Naturalien erbrachte. So sammelten sich in den Häusern der Herren Gänse und anderes Geflügel, Schweine, Kühe, Ochsen, Schafe und Ziegen, dazu Getreide, Obst, Käse, Butter, Brot, Wein und Bier. Bis ins 19. Jahrhundert hat man das Vieh üblicherweise zur Weide in die Wälder oder auf Wiesen getrieben. Gras, Eichel- und Bucheckernmast waren für das Halten von Kühen und Schweinen unabdingbar. Kraftfutter, wie man es heute hat, stand noch lange nicht zur Verfügung. Da man die Viehweiden klimatisch bedingt nur zeitweise zur Verfügung hatte, musste man den Viehbestand zu Winteranfang stark verkleinern. So eröffnete das nun einsetzende kalte Wetter, das die Lagerung von Lebensmitteln begünstigte, eine fröhliche Schlachtzeit. An vielen Orten begannen und endeten zu Martini auch die Dienstverhältnisse des Gesindes sowie Pacht- und Zinsverhältnisse. Darum wurde der Martinstag auch als Zinstag bezeichnet. Mit Glück behielten Bauern und Bürger bei der Entrichtung ihrer Abgaben so viel zurück, dass sie sich und ihre Familien, ihr Gesinde und Vieh gut durch den Winter bringen konnten. Mitunter trafen sich nun die Gemeindemitglieder unter Führung ihres Gemeindevorstehers zur *Besehung der Grenzen* des Gemeindelandes. Nach der gemeinsamen Wanderung kam man zu einem fröhlichen Festessen zusammen. Diese Essen fanden also nicht nur in den Familien statt, wie später im Lutherhause. Als Festessen genoss man allerorten gerne eine Gans, mitunter aber auch Hammelbraten mit Erbsen und Bier und in reicheren Haushalten mit guten Beziehungen zu Fürstenhäusern, wie dem Luthers, auch mal einen Wildschweinbraten. Im anhaltischen Zerbst sollen Dienstherren mit ihren an Martini neu eingestellten Knechten eine Gänsekeule verzehrt haben.[2] Luther erwähnte 1530 in seiner *Vermahnung an die Geistlichen*, dass an St. Martin jeder (!) Hausvater mit seinem Hausgesinde eine Gans verspeiste. Hatte er genügend Geld, so kaufte er zum Essen auch noch Wein oder Met. Alle Essenden lobten den Heiligen, indem sie sich richtig satt aßen und tranken und fröhlich sangen.

Zum Fest gehörte ein guter *Martinstrunk*. *Martinsminne* nannte man den ersten Wein des Jahrgangs. Er wurde mitunter ausgiebig genossen. Die Martinsminne war ein willkommener Anlass, in fröhlichem Kreis zu trinken, manchmal wohl mehr, als es gut tat. Luther fand später immer wieder Gründe, sich gegen den in allen Bevölkerungsschichten stark verbreiteten Alkoholismus auszusprechen. Den Martinstrunk lehnte er als religiöses Brauchtum ebenso ab wie den seit dem 12. Jahrhundert in Deutschland überall beliebten *Johannistrunk* und den *Bernhardstrunk*. Zum Gedenken an Johannes den Täufer wurde ursprünglich den Gläubigen am 27. Dezember in den Kirchen geweihter Wein gereicht, den sie gerne zu Hause als Segenspender in Haus und Flur verwendeten. Den Bernhardstrunk hatten die Zisterzienser zum Gedenken an ihren Ordensgründer Bernhard von Clairvaux gerne am Morgen gereicht. Daraus entwickelten sich ausschweifende Gelage, die die Zisterzienser in den Ruf brachten, dem Alkoholismus zu frönen. Luther setzte anstelle dieser Trünke im kirchlichen Bereich die in der Bibel begründeten Freundschafts- und Abschiedstrünke. Der aus der Schweiz stammende Wittenberger Student Johannes Kessler hat über Luthers Zusammentreffen mit zwei Studenten am 3. März 1522 im *Bären* zu Jena berichtet. Danach nahm der berühmte Mann ein hohes Bierglas und sprach nach des Landes Brauch: *Schweizer, trinken wir noch einen freundlichen Trunk zum Segen.* Üblicherweise hätten alle drei aus dem gleichen Bierglase trinken müssen. Als Kessler jedoch nach dem Glase griff, zog Luther es zurück, nahm *ein mit Wein gefülltes Glas und sprach: Das Bier ist euch unheimisch und ungewohnt, trinkt den Wein!* Er drückte damit seinen Respekt vor den Trinkgenossen aus und folgte gleichzeitig einem alten Abschiedsbrauch, den man oftmals als *Johannistrunk* bezeichnete.[3] Luther sprach sich oft gegen Trunkenheit aus, predigte dabei aber keineswegs Enthaltsamkeit, sondern liebte Geselligkeit und Genuss.

Zum Brauchtum des Martinstages gehören seit dem 13. Jahrhundert nachweisbare *Martinslieder*, die zu Tisch oder bei den üblichen Martinsumzügen gerne gesungen wurden. Viele dieser Lieder hoben oftmals so an:

> *Marten, Marten Herren,*
> *De Appeln und de Beeren,*
> *De Nütte mag ick gern …*

Gerne genommen wurden bei diesen ersten Heischegängen und Umzügen zur Winterzeit jedoch nicht nur Äpfel, Birnen und Nüsse, sondern auch alle anderen Lebensmittel wie Brezeln, Brot und Würste. Besonders beliebt mag bei umherziehenden Knechten, Gesellen und jungen Bauernburschen auch eine Branntwein-, Bier- oder Weinspende gewesen sein. Alles Eingesammelte wurde dann bei einem fröhlichen Gelage gemeinsam verzehrt und ausgetrunken.

In späterer Zeit bezog man im protestantischen Mitteldeutschland die Martinsumzüge nicht mehr nur auf den Heiligen Bischof Martin von Tours, sondern auch auf den Reformator Martin Luther. Aus dem 19. Jahrhundert stammt eine Sage, die man sich in Nordhausen über die Ursprünge der Luther-Verehrung bei den Martinsumzügen erzählt. Danach hat der Nordhäuser Bürgermeister Michael Meyenburg den Reformator und dessen aus Nordhausen stammenden Freund Justus Jonas einmal zu Luthers Geburtstag in sein Haus eingeladen. Als sie in guter Laune beieinander saßen, kam die Rede darauf, dass man am nächsten Tage in der katholischen Kirche das Martinsfest feiere und dem Heiligen zu Ehren bunte Lichter anzünde. Die

Herren meinten, das könne man hier ebenso gut tun. Sie ließen bunte Lichter herbeibringen und diese anzünden.

In einer anderen Sage heißt es: Luther sei am späten Abend vom Jahrmarkte in Sondershausen gekommen und auf die Nordhäuser Schuhmacher getroffen. Ihre damals sehr angesehene Innung lud ihn in ihre Herberge ein. Als man gemeinsam in die Stadt einzog, riefen sie: *Herr Martin kommt, der brave Mann, Zünd't hunderttausend Lichter an!*[4] und begründeten so den Brauch der Martinsumzüge und Martinslaternen.

In dieser Zeit, in der der größte Teil der Menschen auf dem Lande lebte und sehr viele Bürger neben ihren Gewerben noch Ackerbau, Viehzucht und Gartenbau betrieben, sah man am Martinstag besorgt auf das Wetter, denn

Ist an Martini Sonnenschein,
So tritt ein kalter Winter ein,
Kommt er mit Regen ins Land herein,
Wird's Wetter nicht beständig sein.

Zu Martini stellten sich die Menschen auf ihre Winterarbeit um und der Bauer sagte:

St. Martinus setzt sich mit Dank,
Schon auf die warme Ofenbank.

In den Dörfern öffneten die Spinnstuben, in denen sich die jungen unverheirateten Mädchen und Witwen in einem Nachbarhause trafen und bis Fastnacht alles Flachs verspinnen sollten. An manchen Tagen, wie dem Tag vor Weihnachten oder Fastnachtsbeginn, waren mitunter auch junge Burschen zugelassen, die sich sonst in Schenken trafen oder die Mädchen nach getaner Arbeit abholten und nach Hause geleiteten. Mit der Spinnarbeit verband sich das Erzählen von Geschichten und Sagen. Besonders beliebt waren von jeher Geister- und Spukgeschichten. Die dunkle Weihnachtszeit mit ihren eisigen Nächten bot dazu mit Berichten von den bösen Geistern und dem umherziehenden wilden Heer, die in den stürmischen *Rauen Nächten* während der *Zwölften* über das Land geflogen sind, reiches Material. Der kleine Martin Luther kannte die Sage vom wilden Heer gewiss, denn sein Freund Johann Agricola veröffentlichte 1529 eine *Auslegung Gemeyner Deutscher Sprichwortter*. Er habe unter anderem von dem über 80-jährigen Mansfelder Pfarrer Jan Kennerer gehört, dass zu Eisleben und in der ganzen Grafschaft Mansfeld das wütende Heer (so haben sie es genannt) *alle Jahr auf den Fassnacht Donnerstag vorübergezogen* sei. Die schaulustigen Leute seien dorthin gelaufen und hätten erwartungsvoll darauf gewartet, nicht anders, als würde ein großer mächtiger Kaiser oder König vorüberziehen. Bauern gingen im Südharz in der Weihnachtsnacht in den Obstgarten und sahen nach, ob der Wind die Wipfel der Bäume bewegte. Dann würden sie im kommenden Jahr reiche Früchte tragen. *Rammelten* sie sich aber nicht, dann rüttelten die Bauern so lange an den Stämmen, bis sich die Zweige bewegten. In Sachsen und Thüringen freuten sich die Landleute, wenn sie ein Rauschen in der Luft hörten, denn dann würde ein fruchtbares Jahr kommen und so manchem ein unverhofftes Glück begegnen.[5]

In der Thüringer Sagenwelt wird erzählt,[6] dass sich an einem hellen Tage des Jahres 1398 bei Eisenach drei große

Feuer erhoben haben. Sie brannten eine Zeitlang in der Luft, taten sich zusammen und trennten sich wieder. Dann fuhren alle drei in den Hörselberg, wo, wie jedermann wisse, der Aufenthaltsort des wilden Heeres und der Frau Holle sei, wenn sie nicht draußen im Lande herumfahren. Im Lande *werden öfters, und zwar sonderlich um die heiligen Weihnachten und Fastnachten, nicht allein auf dem Felde, sondern auch in den Städten und Dörfern eine ziemliche Menge Gespenster und Teufelsgestalten gesehen ... (Sie) erscheinen bald zu Pferde als Reiter, bald zu Fuß wie ein Zug Soldaten ... Vor diesem Teufelsheer zieht ein ansehnlicher alter und grauer Mann einher, welchen sie den ›getreuen Eckhart‹ nennen, mit einem Stecken in der Hand, den er hin und her bewegt und das herannahende Volk vermahnet, dass sie möchten etwas aus dem Wege weichen oder abseits treten oder gar nach Hause gehen, damit ihnen nicht durch ihre Kühnheit und Unbesonnenheit ein unnötiges Unglück über den Hals komme. Nach ihm folgt allerhand Teufels-Geschmeiße in großen Scharen und in allerlei Gestalt, gar gräulich und abscheulich anzusehen ... Man hört in diesem Zuge Jägergeschrei, Hörnerblasen, Gebell der Hunde und sieht viele Hasen, die aufgejagt werden; es grunzen Schweine darunter, und brüllen Löwen und andere wilde Tiere.*

Geschichten von Geistern und Teufeln haben das Gemüt der Kinder und Erwachsenen schon im Mittelalter und in der frühen Neuzeit stark beschäftigt. Gerade die langen Winternächte in der Weihnachtszeit, die man auch als die *Rauen Nächte* bezeichnet, sind voller Geistergeschichten. Da erzählte man vom wilden Heer, das nicht nur durch das Mansfelder Land zog und den Schaulustigen Unglück zufügen konnte, oder vom Schreckgeist namens Knecht Ruprecht, der lange Zeit neben dem Kinderbeschenker

Nikolaus stand und dem Bischof half, böse Kinder in den Sack zu stecken. An die Wintermächte, wie Frau Holle und Berchta mit ihren Helfern, erinnert im nahen Hessischen am Hohen Meißner heute noch ein Frau-Holle-Teich. Luther wird von seinen Großeltern, Eltern, Verwandten, in seiner Eisenacher Schulzeit und vielleicht auch während seines Wartburg-Aufenthaltes von Frau Holle gehört haben, die in den Eisenacher Hörselbergen wohnen soll. Er bezeichnete sie als die *Frau mit der Rotznasen, die umhängt ihren alten Trödelmarkt, den Strohharnisch und scharret daher mit ihrer Geigen.* In Sage und Brauch erscheinen die Wachstum fördernden Naturgeister des Pflanzenreichs und Ackerbaus, wie die Korngeister Roggenmuhme und Kornweib, in Stroh und Lumpen. Für die Fruchtbarkeit spendenden Wesen ließ man während der Ernte vielerorts einige Ähren und Halmbüschel stehen. Dem Grimmschen Märchen nach sorgt Frau Holle gütig dafür, dass im Winter genügend Schnee fällt und die Pflanzen eine warme Decke haben, dass sie nicht erfrieren.

Eine Vielzahl von Gebeten, Bräuchen und Handlungen, die regional und zeitlich sehr unterschiedlich ausgeübt wurden, halfen den Menschen, die bestenfalls mit Kerzen und Kaminen gegen die Dunkelheit und Kälte ankämpften und in den Fastenzeiten auch noch zusätzlich darben mussten, durch die schwere Winterzeit.

Als Kind mag Martin Luther auch einen noch lange in Mitteldeutschland gebrauchten Satz gekannt haben: St. Martinus kommt nach alten Sitten zumeist auf einem Schimmel geritten.

Winterbeginn im Fläming

VOM FASTEN IN DER ADVENTSZEIT
UND VON DEN BUTTERBRIEFEN

Mit dem Schnee setzte am 12. November das Adventsfasten ein, das auf das Weihnachtsfest hinführte und die Vorfreude auf das Fest erhöhte. Zugleich gilt der Advent als Bußzeit, die heute wie die Fastenzeit vor Ostern durch violette Kirchengewänder bezeichnet wird. Man fastete in Luthers Kindheit den kirchlichen Regeln gemäß noch sehr streng und mied dabei neben Fleisch und Eiern auch alle Milchprodukte. Innerhalb der Fastentage wurde zu bestimmten Zeiten sogar auf alle Speisen und Getränke verzichtet. Um Gesundheit und Leben zu erhalten, gab es täglich eine Zwischenmahlzeit, in der eine Mittagsmahlzeit genossen werden konnte, und abends eine *Kollation*, eine schlichte Mahlzeit. Zudem wurde das Fasten sonntags und an bestimmten Feiertagen unterbrochen, so dass man im Advent und in der Passionszeit vor Ostern auf je 40 Fastentage kam. Die Pause zwischen den beiden Fastenzeiten wird als Fastnacht bezeichnet und reicht vom 6. Januar bis Aschermittwoch.

Die an Fastentagen eingenommenen Speisen durften nur von einfachster Beschaffenheit sein und bestanden meist aus Mehlspeisen (ohne Butter, Milch und Eier), Gemüse und, vor allem in den Klöstern und reichen Haushalten, aus Fisch. Als Fastenspeisen galten alle Pflanzenspeisen sowie Tiere mit rotem, kaltem Blut, Fische, Schnecken, Schildkröten, Frösche, Krebse, Muscheln, teilweise sogar Biber, Fischotter und Wasservögel, die sich nur von Fischen ernährten. Bier durfte getrunken werden, was zu einer intensiven Entwicklung der Brauerei führte, die bis hin zu Heilbieren reichte. Insgesamt hat man in vorreformatorischer Zeit etwa ein Drittel des Jahres gefastet, neben den großen Fastenzeiten auch noch jeden Freitag, am Mittwoch oder Samstag und in den Tagen vor den kirchlichen Hochfesten.[7]

Während der Fastenzeit sollte man nicht um eine Braut werben oder gar heiraten, denn das konnte, so der Volksglaube, nicht gut ausgehen. Es war besser, in keine neue Wohnung zu ziehen. Um dem Scharfrichter keine Gelegenheit zu geben, einem die Haut über die Ohren zu ziehen, sollte man die Betten nicht zum Waschen abziehen. Es war in diesen Zeiten auch nicht gut, Kinder von der Mutterbrust zu entwöhnen, da die Kleinen beim allgemeinen Fasten hätten hungern müssen. Kinder vom siebenten Lebensjahre an hatten am Fasten teilzunehmen. In der Fastenzeit viel zu beten sollte helfen, den Geist auf die bevorstehenden hohen Feste der Christenheit gut vorzubereiten.

Kurfürst Ernst und sein Bruder Herzog Albrecht von Sachsen schrieben um 1480 an Papst Innozenz VIII. und baten ihn, die Adventsfasten brechen zu dürfen und Butter zum Backen der Weihnachtsstollen zu gestatten. Die Fürsten klagten, in ihren Herrschaften und Landen wüchsen wegen der kalten Witterung keine Ölbäume und man habe nur wenig Olivenöl im Lande, das von schlechter Qualität und teuer sei, oder müsse Rübenöl essen. Doch das »Rübsenöl« sei der menschlichen Natur zuwider und ungesund. Die Menschen würden davon krank. Der an italienische Kost gewöhnte Papst schüttelte sich wohl bei dem Gedanken an solche Speisen. Außerdem witterte er ein glänzendes Geschäft. Jedenfalls gestatte er in einem von den Sachsen teuer bezahlten Butterbrief, *daß ihr, eure Weiber, Söhne und Töchter und all eure wahren Diener und Hausgesinde der Butter anstatt des Öles ohne einige Pön* (Geldbuße) *frei und ziemlich gebrauchen möget.* Nun begann die Verfeinerung des Stollenbackens mit Butter, Rosinen und all den anderen köstlichen Zutaten, die für uns heute einfach zur Weihnachtsstolle gehören.

Stollen wurden erstmals im Jahre 1329 erwähnt, als Bischof Heinrich von Naumburg die Bäckerinnung der Stadt aufforderte, *zwei lange Weizenstollen, wozu ein halber Scheffel Weizenmehl verwandt werde, ihm und seinem Hofe zu entrichten.* Die Geschichte des Weihnachtsstollens[8] begann also nicht etwa in Dresden, sondern in Naumburg. Von Anfang an war dieses zu den volkstümlichen Gebildbroten zählende Gebäck – man meint, es stelle ein Wickelkind dar und sei somit ein Hinweis auf die Geburt Christi – also für den Bischof eine wertvolle Steuer und Abgabe. Weihnachten 1457 soll der kurfürstlich-sächsische Hofkoch auf Schloss Hartenstein in Torgau trotz des noch strengen Fastengebots Christstollen gebacken haben. Womöglich hatte der fürstliche Bäcker gerade etwas wohlschmeckendes Olivenöl zur Hand. 1474 erschienen Christstollen in den Rechnungen der Dresdener Bäcker für den kurfürstlichen Hof. Stollen gehörten alsbald jährlich zu den an gekrönte Verwandte versandten Weihnachtsgeschenken. 1491 heißt es zum Beispiel in einem päpstlichen Dekret, beim Stollenbacken sei der zwanzigste Teil eines Goldguldens für den Freiberger Dombau jährlich zu entrichten. So war für jeden Stollen eine Steuer zu zahlen, die dem Bau von Kirchen oder sogar von Brücken zugute kam. Von nun an fuhren in der Weihnachtszeit vor den Adelssitzen Sachsens, den Bischofsburgen und anderen Herrensitzen Frachtwagen vor, die mit Stollen beladen waren. Seit wann auf dem 1434 eröffneten Dresdener Weihnachtsmarkt zahlungskräftige Kunden Christstollen erwerben konnten, wird leider nicht berichtet. Heute macht man damit Werbung, dass der *Dresdener Striezelmarkt* einer der ältesten Weihnachtsmärkte überhaupt sei. Um das Fastengebot nicht zu brechen, wird man sich in vorreformatorischer Zeit auch in Dresden daran gehalten haben, dass der Weihnachtsstollen erst am Weihnachtstag angeschnitten werden darf.

Luther mag Stollen gegessen haben, auch wenn sie nicht für ihn, sondern für mit ihm befreundete Fürstenhöfe nachweisbar sind. So schenkte Fürst Joachim von Anhalt seinem jungen Neffen Joachim Ernst von Anhalt zu Weihnachten einen mit Pelz gefütterten Mantel, etliche Nürnberger Lebkuchen und einen überzuckerten Weihnachtsstollen. Geschenke in Form von Kleidungsstücken und süßen Leckereien gab es auch im Hause des Reformators und in anderen wohlhabenderen Familien. Ihre Qualität und Menge waren natürlich vom Geldbeutel des Schenkenden abhängig. In Briefen Luthers finden sich keine Hinweise auf die Art der Weihnachtsgeschenke. Hoffnungsvoll schrieb hingegen Kurfürst Moritz von Sachsen aus dem Feldlager an seine Frau, er wolle diesen Winter bei ihr bleiben und mit ihr gemeinsam Birnen braten, Stollen essen und mit Gottes Hilfe guten Mutes sein.

Weihnachten ohne Stollen wurde in späterer Zeit in Sachsen selbst in schwersten Kriegs- und Teuerungszeiten undenkbar. 1875 berichtete Louis Francois *Etwas von Brauch*

*und Glauben in sächsischen Landen: Was ein richtiges Sachsen-
weib ist, das stoppelt in der Ernte auf dem Weizenfelde, spart
und sammelt die erbettelten Münzen, um »auf« Weihnachten,
wenn auch kein Brod, so doch seinen Stollen oder Wecken oder
Schüttchen, – alle drei sind eins –, im Ofen zu haben. Der feste,
schwere Kuchenlaib, Christstollen genannt, ist uns heute noch
ein Ziel, um dessen Genuss sich das Leben lohnt; kein Wunder,
wenn er unseren Vorfahren schier als Heiligthum galt und die
frommen Eltern Gotthold Ephraim Lessings an der Gottseligkeit
ihres Sohnes irre wurden, weil er den gesendeten Christwecken
in der Gesellschaft der Neuberischen Comödianten verzehrt hat.*

WILDE BRÄUCHE UND FROMME GABENBRINGER

Mit dem ersten Adventssonntag beginnt das Kirchenjahr.
Die Christenheit bereitet sich auf das Hochfest der Geburt
Christi vor. Man feiert die Menschwerdung Gottes.
Es ist verständlich, dass man in dieser Zeit der Buße, Be-
sinnung und Erwartung üblicherweise keine Hochzeiten
gefeiert hat. Doch hielt das die Menschen nicht von anderen
Bräuchen ab, die ihnen den Weg in die Zukunft weisen
sollten. Dem Volksglauben nach konnte eine Jungfrau
herausbekommen, ob und wen sie im kommenden Jahr

heiraten würde, indem sie am Abend zum Andreastag, dem 30. November, nach ortsüblichem Brauch das Orakel befragte. Anton Lauterbach gehörte zu jenen Studenten und Hausgenossen im Lutherhaus, die am Tisch die Gespräche mitgeschrieben und uns so deren Inhalt übermittelt haben. Einmal schrieb er eine von Luther und seinen Tischgenossen besprochene Geschichte zum Andreastag auf. Danach habe sich die Schwester der Lutherin, einem alten Brauch folgend, nackt auf die Erde geworfen und den Heiligen Andreas angerufen, ihr in dieser Nacht ihren zukünftigen Bräutigam zu zeigen. Erfolg habe sie aber nicht gehabt. Ein anderes Mal erzählte Luther, es gebe Mädchen, die meinten, ihren Bräutigam während der Christmesse *schauen* zu können. Der heilige Andreas galt als Geschenke- und Gabenbringer. So gelangte er in den Reigen der Kinderbescherer in der Weihnachtszeit, den der hl. Martin eröffnet hat und der dann über den Weihnachtstag, Neujahrstag bis hin zum Dreikönigstag weiterging. Der Andreasbrauch war in Thüringen weit verbreitet und trat teilweise sogar an die Stelle des Nikolausbrauchtums. Davon zeugt ein alter Spruch:

Zettelandres, du guter Mann,
Guck mich nicht so böse an,
Stecke deine Rute ein,
Ich will ein guter Gerhard sein.

So ist der Heilige Andreas, einst Patron und Heiratsvermittler ehefreudiger Mädchen, mit dem schnellen Verblassen der Heiligenverehrung im luthernahen protestantischen Bereich zum Kindererzieher und Gabenspender oder gar, wie im kindlichen Umzugsbrauch, zur farblosen Märchengestalt geworden.[9]

Im 20. Jahrhundert verdrängte der angeblich aus Amerika stammende Weihnachtsmann auch in Deutschland das von Luther eingeführte Christkind. So bat die Autorin den Weihnachtsmann während ihrer im östlichen Harzvorland verbrachten Kindheit:

> *Lieber guter Weihnachtsmann,*
> *Schau mich nicht so böse an,*
> *Stecke Deine Rute ein,*
> *Ich will auch immer schön artig sein.*

Der 6. Dezember war bereits im späten Mittelalter dem heiligen Nikolaus gewidmet. Seine Verehrung bezieht sich auf den Bischof Nikolaus von Myra, der um 330 in Kleinasien lebte. Er soll der Legende nach auf wundersame Weise eine ganze Stadt durch eine Weizenspende vor dem Hungertod gerettet haben und gilt darum als Schutzpatron der Bäcker. Neben drei Broten gehören zu seinen Insignien aber auch drei Goldklumpen. Die soll er drei schlafenden Mädchen durchs Fester geworfen haben, um sie vor der Prostitution zu erretten, in die sie ihr mittelloser Vater hatte zwingen wollen. Die Verehrung des heiligen Nikolaus hatte die byzantinische Prinzessin Theophano, die im Jahre 972 mit Otto II. vermählt wurde, mit nach Deutschland gebracht. Nikolaus wurde Hausheiliger der Ottonen und Namenspatron fast aller von ihnen erbauter Kirchen. Mit Ausbreitung des Nikolauskults stieg der Bischof unter die 14 Nothelfer auf und wurde Schutzpatron von Fleischern, Seeleuten, Kaufleuten und Reisenden, von Lehrern, Apothekern, Richtern und Weinhändlern. Selbst die Hallenser Salzwirker erwählten sich den Bischof zum Schutzherrn.

Im Bistum Brandenburg, zu dem auch Wittenberg gehörte, wurde im Jahre 1380 eine neue Kirchenordnung erlassen und darin wurden die Feiertage festgelegt, die den Festkreis des Kirchenjahres bildeten. Zu ihnen gehörte in der Adventszeit neben dem Martins- und Andreastag auch der Nikolaustag. Dieser Kanon blieb bis zum Beginn der Reformation beinahe unverändert.[10] Von den Gaben am Nikolaustag in vorreformatorischer Zeit zeugen Einträge in fürstlichen und städtischen Rechnungsbüchern.

Da der Bischof außerdem drei tote Knaben wieder zum Leben erweckt haben soll, wurde er nicht nur als Gabenbringer und Retter aus der Hungersnot verehrt, sondern auch als Schutzherr der Schüler. Offenbar haben besonders mittelalterliche Klosterschulen das Brauchtum gefördert und zur Erziehung der Schüler genutzt. Als Luther die Domschule in Magdeburg besuchte, stand am Domplatz eine Nikolauskirche. So hat er wohl spätestens dort das Nikolausbrauchtum kennengelernt und sich vielleicht daran beteiligt. Seit dem 11. Jahrhundert sind in Europa Schülerprozessionen zu Ehren des hl. Nikolaus nachweisbar. Die Schüler wählten aus ihrer Mitte einen Schüler-Bischof. Ihm folgten in Nachahmung der kirchlichen Hierarchie die Mitschüler. Noch im 16. Jahrhundert wurde aus deutschen Schulen berichtet, dass *am Tage des hl. Nikolaus die Schüler unter sich drei erwählten, einen zum Bischof und zwei, die als Diakone agierten.*[11] Die Tradition der gewählten Kinderbischöfe wird heute an vielen Orten wieder gern gepflegt, so in München und Hamburg.

In seiner Predigt am 6. Dezember 1527 äußerte sich Luther missbilligend über den Nikolaustag, denn die Legende enthalte *viel kyndisch ding* und sogar Lügen. Hier spielten wohl seine Arbeit an der Neuordnung des Gottesdienstes und seine Kritik an der Heiligenverehrung eine große Rolle. Zentrum des kirchlichen Lebens sollte allein Christus sein, die Lehre und Verkündigung des Glaubens. Da erschien alles andere unnütz und womöglich vom Glaubensinhalt ablenkend. So kam Luther auf den Gedanken, den hl. Nikolaus als Gabenbringer durch das Christkind zu ersetzen. Dabei wusste der Kinderfreund und Vater um die Bedeutung des volkstümlichen Brauchtums und beschenkte seine Kinder zu Nikolaus, Weihnachten und wohl auch zum Neuen Jahr. Wichtiger erschien ihm, dass sich die Kinder auf das Weihnachtswunder mit Fasten und Beten vorbereiteten. Wenn sie dann noch ihre Kleider vor dem Kamin ausbreiteten, würden sie gewiss vom über die Dächer gehenden Nikolaus und Christkind mit Äpfeln, Nüssen und kleinen nützlichen Gaben bedacht. Ihm würde wohl der alte Volksreim gefallen:

> *Bald kommt der heil'ge Nikolaus*
> *Und bringt den frommen Kindern was,*
> *Doch die nicht fleißig gebetet ha'n,*
> *Die wird er mit der Rute schla'n!*

Hatten die Kinder sich aber nicht gut vorbereitet und vor allem auch nicht gut gelernt, drohten die Rute und Pferdeäpfel. Sack und Rute waren die Attribute des hl. Nikolaus, der sie um 1900 teilweise an den Weihnachtsmann abgab. Die Pferdeäpfel bezogen sich natürlich auf das Pferd des Heiligen. Der mit Rute und Sack bewaffnete Nikolaus und der Weihnachtsmann werden in der moderneren Literatur als wenig christlich bezeichnet. Schließlich hatte der

Kinderfreund Jesus gesagt: *Lasset die Kindlein zu mir kommen und wehret ihnen nicht!* Dabei hatte er weder eine Rute in der Hand, noch drohte er, unfolgsame Kinder in einen Sack zu stecken. Das Christkind sei für alle Kinder da, ein Bote der Liebe, des friedlichen Miteinanderumgehens und kein Werkzeug der Erziehung; die Christianisierung der Kinderbescherung ist noch längst nicht abgeschlossen.[12]

Zum Brauch der Schülerprozessionen gesellten sich am Nikolaustage wieder Heischegänge, bei denen die Kinder auf Straßen und Höfen sangen und Segenssprüche aufsagten, wofür sie von den Leuten mit guten Gaben belohnt wurden. Mitunter entwickelte sich dabei geradezu närrisches Treiben. Doch auch hier ist der Ursprung des Brauchs wohl in der Not vieler Schüler zu suchen, die die kleinen Münzen und Lebensmittel für ihren Lebensunterhalt benötigten.

LUTHERS KINDHEIT ZWISCHEN
BERGGEISTERN UND BILDUNG

Wir wissen nicht viel von Luthers Kindheit. Die Familie war aus Thüringen ins Mansfelder Land gezogen, weil sich der Vater hier ein gutes Auskommen im aufblühenden Kupferbergbau versprach.[13] Mutter und Vater kamen bei Weitem nicht aus so ärmlichen Verhältnissen, wie Luther das behauptet hat. Wir wissen zum Beispiel, dass seine Großmutter mütterlicherseits, Margarete Lindemann, aus der angesehenen Familie eines Ziegeleibesitzers stammte und 1521 in hohem Alter in Eisleben verstorben ist. Vielleicht hat sie altes Brauchtum ihrer thüringischen Heimat mit in die benachbarte Grafschaft Mansfeld gebracht und hier in ihrer Familie weitergegeben. Bis weit ins 19. Jahrhundert hinein erzählte man den Kindern die alten Märchen und Legenden, alles wurde mündlich weitergegeben. Erst dann wurden sie aufgeschrieben, in Hessen und Thüringen zum Beispiel von den Brüdern Grimm und Ludwig Bechstein. Ihre Bücher haben uns diese Geschichten bewahrt. Doch das Bild der Großmutter als Märchenerzählerin für die Kinder, das Ludwig Richter 1857 auf dem Titelblatt eines Märchenbuchs von Bechstein darstellte, war in der Realität vermutlich schon zu deren Lebzeiten selten. Als Bücher so preiswert wurden, dass viele Menschen sie kaufen konnten, nahm das mündliche Geschichtenerzählen ab.

In Eisleben und seit 1484 im benachbarten Städtchen Mansfeld lernte die Familie die Gepflogenheiten der hier lebenden Bevölkerung und besonders die Bräuche der Bergleute

Die Märchenerzählerin,
Holzschnitt von
Ludwig Richter, 1857

kennen. Die Bergwerksarbeit galt schon immer als besonders schwer und gefährlich. Das zeigt sich schon darin,
dass man bei Arbeitsbeginn immer ein gemeinsames Gebet
gesprochen hat. Man musste sich aufeinander verlassen
können, und so nimmt es nicht Wunder, dass Bergleute

eine eingeschworene Gemeinschaft mit eigenen Sitten und Bräuchen, eigenem Recht, eigener deutscher Sprache und gemeinsamen kirchlichen und weltlichen Feiern bildeten. Im Laufe des Mittelalters wurden deutsche Bergknappen zur Einrichtung von Bergwerken nach Südtirol, Böhmen, Mähren, Schlesien, Ungarn, in die Toskana und nach Schweden berufen und brachten außer ihren Fachkenntnissen auch ihre Traditionen in die neue Heimat mit. Schon im frühen Mittelalter wanderten Bergleute aus dem Oberharz ins Erzgebirge und erschlossen dort im Auftrage des Markgrafen von Meißen die neuen Funde um Freiberg. Dieser Austausch zwischen den Bergbaugebieten wurde jahrhundertelang fortgesetzt.

Mit den Bergleuten wanderten nicht nur ihre Sprache, ihr Wissen, Recht, Sitte und Brauch, sondern auch ihre Geschichten und Sagen von Teufeln, Berggeistern und verborgenen Schätzen. So zog zum Beispiel der Berggeist Rübezahl mit den Bergleuten aus dem Harz ins Riesengebirge und wurde 1561 von dem ehemaligen Wittenberger Studenten Martin Hellwig erstmals als gehörnter und geschwänzter Dämon auf seiner Landkarte von Schlesien dargestellt.

Die Untertagearbeit der Bergleute, die sie umgebende Dunkelheit, die unheimlichen Geräusche und vielfältigen Ängste um Leib und Leben sind der Boden, aus dem ihre Geschichten erwuchsen. Der Glaube an das Wirken von Berggeistern gehörte noch lange zur bergmännischen Vorstellungswelt. Man erzählte sich, dass sich in beinahe allen Bergwerken und Gruben mitunter Bergmännlein sehen ließen. Oftmals wurde ihr Erscheinen als *Zeichen eines bevorstehenden Glücks und bald zu entdeckender reicher Adern* erkannt. Das Auftauchen der Bergmännlein konnte jedoch ebenso gut als ein göttliches Zorneszeichen erscheinen, und so beteten die Bergleute: *Gott gebe, dass es nur kein Zornzeichen ist, weil die Verachtung und Hinderung Göttlicher Gaben, ja die Verkleinerung der Göttlichen Allmacht in Bergsachen sehr groß ist.* Vom Kyffhäusergebirge berichtete man, dort entfalte die blaue Blume in der Christnacht ihre Blüten. Wer sie finde, dem öffneten sich die unterirdischen Hallen, und die märchenhaften Schätze der Bergwelt strahlten ihm in ihrer Pracht entgegen. Womöglich träumte auch der Bergmann Friedrich Baumann diesen Traum. 1536 drang er bei Rübeland im Harz zur Schatzsuche in einen Felsspalt ein und fand die später nach ihm benannte Tropfsteinhöhle. Doch er verirrte sich dermaßen, dass er erst nach Tagen aus der Höhle herausfand und binnen kurzer Zeit an den Folgen der körperlichen und geistigen Strapazen starb.

Als Sohn eines Häuers und Hüttenmeisters wurde Martin Luther schon früh mit den Problemen der Erschließung, Nutzbarmachung und Beherrschung der Natur konfrontiert. Er lernte in seiner Kindheit die Bedeutung von Naturwissenschaft und Technik und Zusammenhänge in der Produktion und im Gelderwerb kennen. Gleichzeitig waren ihm die mit dem Bergbau verbundenen Gefahren zutiefst vertraut und die den Volksglauben beherrschenden Gestalten waren für ihn reale Kräfte – Teufelsglaube, Dämonen und Gespenster blieben Luthers lebenslängliche Begleiter. Dabei sah er alle Geister und selbst den Teufel als körperlose Wesen an, die nur wirken konnten, wenn Gott es zuließ. Für Luther war es selbstverständlich, dass der Teufel besonders im Bergwerk tätig ist, denn *im Bergwerk neckt und betrügt der Teufel die Leute, macht ihnen ein Gespenst und Geplärr vor den Augen, dass sie nicht anders annehmen, als sähen sie einen großen Haufen Erzes und gediegen Silber.* Im Sommer 1535 erklärte er in einer *Genesis-Vorlesung* seinen Studenten die Welt als Gottes Bergwerk: Sie *brechen zu Eisleben, wie ihr wisst, schwarze Schiefer, die Kupfer und Silber halten, und wie Gott und die Natur ihre lustige Kurzweil auch unter der Erden haben, bilden sich allerlei Fisch-Gestalten in den Schiefer – was die Ursache solcher Impressionen ist, diskutieren die Gelehrten. Ich zweifle nicht, dass es Reste der Sintflut gibt, da man, wo heute Erzgruben sind, nicht selten in Stein abgedrückte Hölzer findet. In eben diesen Steinen werden auch verschiedene Arten von Fischen und anderen Tieren entdeckt.* Diese Stelle in einer Luthervorlesung ist, nebenbei bemerkt, eine frühe Erwähnung von Fossilien.

Auch bei Tisch im Lutherhause wurde über den Bergbau gesprochen. Einer von Luthers liebsten Freunden war der aus der damals sehr reichen Bergstadt Freiberg stammende Nikolaus Hausmann. Als einmal das Gespräch auf den von Luther so geschätzten Bergbau kam, erzählte Hausmann stolz vom Beginn des Freiberger Bergbaus, ein Fuhrmann habe unterwegs eine vielversprechende Stelle entdeckt und habe bald darauf etliche Sachsen (!) von Goslar zu dem Ort geführt, wo diese schnell *trefflich Erz gefunden* hätten. Im Mittelalter gehörte der Bergbau zu den *Königsregalen.* Das bedeutete, alleine der König hatte anfangs das Recht, Bergbau zu betreiben. Um die Großen seines Reiches an sich zu binden, verliehen die deutschen Könige im Laufe der Zeit Teile ihrer Regalien an die Fürsten; so auch Bergbaurechte. Der Silberbergbau am Rammelsberg und die

Königsstadt Goslar standen im Mittelalter unter dem Schutz des Herzogs von Sachsen, der das christliche Territorium bis an die Elbe ausweitete. So hat die Sage um die Begründung Freibergs am Ende des 12. Jahrhunderts durch aus dem Harz stammende Sachsen durchaus Recht und ist ein schöner Beleg für die teilweise sehr exakte mündliche Überlieferung von Geschichte und Geschichten bis in die frühe Neuzeit. Luther und sein Freund Hausmann waren auf die lange Tradition sächsischen Bergbaus zu Recht stolz. Hausmann ging in diesem Gespräch sogar so weit, dass er, unwidersprochen durch Luther, einen Vergleich zwischen der Geschichte des Freiberger Bergbaus und der Geschichte der Wittenberger Universität wagte.

Von Johannes Mathesius, einem jener Hausgenossen, die die Tischgespräche mitgeschrieben haben, wissen wir, dass Luther der Arbeit der Mansfelder Bergleute stets Hochachtung entgegenbrachte und ihnen ihre übermütigen Bräuche gerne zubilligte, denn *das sind mein Landsleute, und meines lieben Vaters Schlegelgesellen. Den Leuten, weil sie die ganze Wochen unter der Erde stecken, in bösem Wetter und Schwaden, muss man bisweilen ihre ehrliche Ergötzung und Erquickung gönnen und zulassen.*

Neben den Berggeistern erzählte man zum Beispiel auch von Wassergeistern. So lebte in den anhaltischen Gewässern der Nix oder Nickert, der gerne seine eigenen Kinder mit denen der Menschen austauschte, die sich dann mit den sogenannten Wechselbälgern zu plagen hatten. Missgebildete Kinder hielten viele, so auch Luther, für Wechselbälger, die von bösen Geistern abstammten. Einem solchen etwa zwölfjährigen Kinde soll Luther einmal in Dessau begegnet sein und den Fürsten vorgeschlagen haben, es in die an der Stadt vorbeifließende Mulde zu werfen. Doch die Fürsten und der ebenfalls in Dessau weilende sächsische Kurfürst hätten sich geweigert. Darauf, so erzählte der Reformator bei Tische, habe er vorgeschlagen, *so sollten sie in der Kirche der Christen ein Vaterunser beten lassen, dass der liebe Gott den Teufel wegnehme. Das täte man täglich zu Dessau; da starb das selbige Wechselkind im anderen Jahre danach.*[14]

Luther hat sich im Rahmen seiner Arbeit als Theologie-professor und Geistlicher immer wieder mit Zauberei, Hexerei und dem Wirken des Teufels beschäftigt. Dabei forderte er von seiner Gemeinde, stets an Gottes unsicht-bares Wirken zu glauben. Die Gläubigen sollten durch Gebete die Verfolgung von Unholden unterstützen, von denen man meinte, sie seien mit dem Teufel im Bunde. Panikartigen Hexenverfolgungen, wie wir sie aus späterer Zeit reichlich kennen, leistete Luther keinen Vorschub. Den weit verbreiteten Glauben an Hexenflüge verwies er zum Beispiel in das Reich der Fabel. Ihm ging es weniger um die Bestrafung der Sünder als um ihre Reue und Rückkehr in den Schoß der Kirche. Doch bei kriminellen Handlungen in Folge vermeintlicher Teufelspakte befürwortete er den Einsatz der Folterknechte und Scharfrichter.[15]

Weil der Bergbau fachlich qualifizierte Menschen benö-tigte, wurde gerade in der Harzgegend und im Mansfelder Land besonderes Augenmerk auf die Schulbildung gelegt. Vater Hans Luder schickte seinen ältesten Sohn schon im Alter von viereinhalb Jahren in die städtische Lateinschule.

In seiner Zeit auf der Magdeburger Domschule wurde er seit dem Jahresanfang 1497 durch die Brüder vom gemeinsamen Leben mit humanistischem Gedankengut und mit kirchlichen Riten bekannt gemacht. Der Besuch der Magdeburger Domschule hat zudem sein inniges Verhältnis zur Musik begründet. Luther erlernte hier verschiedene Musikinstrumente, hatte regelmäßigen Chorunterricht und war, wie später auch in Eisenach, Kurrendesänger (currere = laufen – Laufchöre).[16] Luther sagte einmal über die Schüler, die für Geld auf den Straßen sangen und sich so ihren Lebensunterhalt verdienen mussten: *Verachte mir einer solche Gesellen nicht. Ich bin auch ein solcher gewesen. Das sind die Rechten, die in geflickten Mänteln und Schuhen gehen und das liebe Brot vor den Türen sammeln – das werden oft die besten, vornehmsten und gelehrtesten Leute.* Allerdings sprach er sich später gegen die Umgänge am Dreikönigstag aus, die seiner Meinung nach nicht den Heiland im Mittelpunkt hätten, sondern ein *Affenspiel* seien. Ihm war der Glauben stets wichtiger als der Gelderwerb.

Beim Schulbesuch Martin Luthers und des eng befreundeten Hüttenmeistersohnes Hans Reinicke in Magdeburg war womöglich die Verbindung zum erzbischöflichen Offizial Dr. Moßhammer von Bedeutung. Luthers Familie nutzte sowohl hier als auch in Eisenach verwandtschaftliche Beziehungen, um den Sohn zu unterstützen und für dessen Wohlergehen zu sorgen. Martinus erlebte in Magdeburg die krassen Widersprüche innerhalb der Kirche seiner Zeit. Da demonstrierte Erzbischof Ernst, ein jüngerer Bruder Kurfürst Friedrichs des Weisen, den Magdeburgern seine Macht in glanzvollen Gottesdiensten in der

Domkirche und in Prozessionen, unter denen die Schiffs-
prozessionen auf der Elbe die eindrucksvollsten gewesen
sein sollen. Andererseits traf Martinus in Magdeburg auf
der Straße einmal den in den Franziskanerorden einge-
tretenen Fürsten Wilhelm von Anhalt-Zerbst, der durch
seine Fasten- und Bußübungen derart abgezehrt war,
dass er bald nach dieser Begegnung gestorben ist. Solch
gegensätzliche Bilder prägten sich tief in ihm ein und ver-
stärkten in späterer Zeit seine Zweifel am Leben der Geistlichkeit und am Sinn kirchlicher Traditionen wie dem
Fastengebot.

Der Reformator blieb mit der Heimat seiner Kindheit so
eng verbunden, dass er sich, trotz Unwohlseins, im har-
ten Winter 1545/1546 zweimal auf den Weg ins Mansfelder
Land machte und dort versuchte, die Auseinandersetzungen
zwischen der Grafenfamilie und den Hüttenmeistern, zu
denen auch seine Familie gehörte, beizulegen. Die Lösung
dieses *Sauhandels* war ihm so wichtig, dass er sein letztes
Weihnachtsfest weit entfernt von seiner Frau und den
Kindern verbracht hat. Am Heiligen Abend 1545 trafen er
und Melanchthon im Mansfelder Schloss ein, mussten aber
nach dem Fest wegen einer Erkrankung Melanchthons
unverrichteter Dinge abreisen und Luther musste im
Februar 1546 erneut auf die Reise gehen. So war es kein
Zufall, dass der Reformator in seiner Geburtsstadt Eisleben gestorben ist.

KINDELWIEGEN UND TANZ UM DEN ALTAR

Überdenkt man den Festbrauch der Familie im Lutherhaus, so darf man dabei wohl nicht den Anteil seiner Ehefrau Katharina übersehen. Die Lutherin war bekanntlich schon als kleines Kind von ihrem Vater erst in das Kloster Brehna und dann in das Kloster Nimbschen bei Grimma gebracht worden. Die Nonne Katharina von Bora hat im sächsischen Zisterzienserinnenkloster *Marienthron* sicherlich nicht nur die Klosterschule besucht und sich dort den *sieben freien Künsten* gewidmet, sich mit Heilpflanzen, Kochen und Backen befasst, das Spinnen und die Leitung einer großen Wirtschaft, sondern ebenso die klösterlichen Riten und Bräuche gepflegt.

Gerade in Zisterzienserinnenklöstern, aber auch bei den Dominikanerinnen und Franziskanerinnen, war seit der hohen Zeit der Frauenklöster im 13. Jahrhundert ein besonderer Brauch weit verbreitet, der über das Weihnachtsfest der Nonnen in die Gesellschaft hineinreichte – das Kindelwiegen. Dieser Brauch soll schon für das 10. Jahrhundert in Salzburger Klöstern nachweisbar sein. Belebt wurde er, nachdem der fünfzehnjährige Bernhard von Clairvaux (1090–1153) am Weihnachtsabend eine Vision von der Geburt Christi erlebte, aus der der Heilige *sein ganzes Leben lang seine tiefe Hinwendung zum Christuskind schöpfte und sie seinen* Brüdern und Schwestern im Zisterzienserorden vermittelte.[17]

Bernhards mystische Schriften und das Wirken des Franziskus von Assisi haben offenbar die Mystikerinnen im

45

1258 geweihten Kloster Helfta bei Eisleben stark beein-
flusst. Die erste Äbtissin des Klosters, Gertrud von Hacke-
born, machte es zu einem sehr bedeutenden Zentrum der
Frauenmystik. Gleich drei ihrer Mitschwestern sind als
Lehrerinnen und Schriftstellerinnen bis heute berühmt
geblieben, was vom hohen Grad der Frauenbildung in den
Klöstern jener Zeit zeugt. Im 13. Jahrhundert geschah in
der Kirche ein Aufbruch. Damals wendete sich die hl. Elisabeth von Thüringen von Mönchen ab, die ihr voller Stolz
ihre reich geschmückte Klosterkirche zeigten, und meinte,
sie bedürfe solcher Bilder nicht, sie trage sie im Herzen.
Wie Elisabeth hatte auch Franziskus der reichen Kirche den
Rücken gekehrt. 1223 ließ er im Wald eine leichtgezimmerte
Hütte errichten, eine mit Stroh gefüllte Krippe hineinstel-
len und Ochs und Esel herbeiholen, damit die Menschen
die Heilige Nacht nachempfinden könnten. In dieser Sze-
nerie hat er vor den durch die kalte Winternacht im Fackel-
schein herbeiströmenden Menschen eine ergreifende Weihnachtspredigt gehalten und unter Tränen von der Armut
und Not der hl. Familie erzählt. Die Kunde seiner Weihnachtsfeier verbreitete sich schnell über die Alpen auch
nach Deutschland. Überall in Klöstern und Kirchen stellten Geistliche und Laien nun die *Geburtsgeschichte Christi
leibhaftig* nach. So wurden die Krippenspiele neben der in
lateinischer Sprache gehaltenen Predigt zum Inhalt des
Weihnachtsfestes.

In vielen Klöstern wurde es üblich, dass die Frauen bei
Aufnahme in die Ordensgemeinschaft eine aus Holz ge-
schnitzte oder aus Bienenwachs geformte Puppe mit ins
Kloster brachten, die das Jesuskind darstellte. Für die in
spartanisch eingerichteten und meist ungeheizten Kloster-

zellen lebenden Novizinnen und Nonnen waren diese Jesusfiguren das Herzstück ihrer Frömmigkeit, ein Sinnbild religiöser Sehnsucht und irdischer Gefühle. Die Puppen wurden wie Säuglinge gebadet, gewickelt, liebkost und Weihnachten im Rhythmus des Glockenklanges erst in der Krippe, später auch in Wiegen geschaukelt. Gefeiert wurde die Geburt Christi anfangs nur mit lateinischen Weihnachtshymnen und Lied-Sequenzen, die im Laufe der Zeit in die Volkssprache übersetzt wurden, so das aus jener Zeit stammende Lied *Josef, lieber Neve min.*

1341 wurde in Glaucha bei Halle/Saale ein Cyriakushospital gegründet. Die hier lebenden Hospitalsjungfrauen verehrten in dem warmen Zimmer, in dem sie gemeinsam die Abende verbrachten, ein aus Holz geschnitztes Jesuskind, das sie alljährlich am Weihnachtsabend badeten, sein weißes Hemdchen wuschen und sauber glätteten, bevor sie es der Puppe wieder anzogen. Die Legende erzählt, im Hause habe sich ein heftiges Poltern erhoben, wenn sie ihre Arbeit nicht ordentlich genug gemacht hätten. Das Poltern habe sich erst gelegt, wenn die Frauen ihre Fehler wieder gutgemacht hätten.

Das Jesuskind wurde nördlich der Alpen in der Weihnachtszeit in Frauenklöstern oftmals auf dem Altar aufgestellt oder in einer Wiege oder Krippe liegend zum Mittelpunkt der Weihnachtsgottesdienste. Man bezeichnete diese Jesuskinder und ihre Wiegen später abwertend *als sakrales Spielzeug für Nonnen, eine Art von Puppen, begründet in der mystischen Frauenfrömmigkeit um 1300.*[18] Einige der Figuren und Wiegen blieben erhalten, zum Beispiel die um 1340 entstandene *Wiener Wiege,* die um 1350 entstandene Wiege

47

im nordhessischen Kloster Lippoldsberg an der Weser, die um 1360 entstandene Wiege, die heute im Schnüttgen-Museum in Köln aufbewahrt wird. Neben den Wiegen wurden auch Jesusfiguren, *Jesulein*, aufbewahrt, wie ein um 1520 entstandenes hölzernes Jesuskind, das bekleidet ist und heute als ein Schatz aus dem Franziskanerinnenkloster Mindelheim im Haus der Bayerischen Geschichte in Augsburg aufbewahrt wird.

Der Brauch des Kindelwiegens zog auch in die Kirchen außerhalb der Klöster und damit ins Volksbrauchtum ein. Um sich die Weihnachtsgeschichte zu vergegenwärtigen, stellte man sie nach Vorbild des hl. Franziskus in der Heiligen Nacht in *dramatischen* Spielen nach. Sie hoben am 24. Dezember, dem *Tag Adam und Eva,* mit dem *Paradiesspiel* und der Suche Marias und Josephs nach einem Quartier an und setzten sich am 25. Dezember mit Hirten- und Krippenspiel, Kindelwiegen und Gesang fort. Krippe oder Wiege mit dem Jesuskind standen nun vor dem Altar. Maria und Joseph mühten sich eifrig um den Schlaf ihres Kindes und erzählten der mehr oder weniger andächtig lauschenden Gemeinde in Wechselgesängen vom Weihnachtsgeschehen. Das alles konnte ziemlich lange dauern. So haben zum Beispiel im *Hessischen Weihnachtsspiel*, das um das Jahr 1450 entstand, 27 Mitwirkende immerhin 870 Verse aufsagen müssen. Wenn endlich die Aufforderung kam, Jesu Geburt fröhlich zu feiern, begann die Gemeinde oft genug um die Krippe und den Altar herum einen fidelen Tanz. Von wegen Andacht! Mitunter machte sich überbordende Lebenslust breit und der anwesende Geistliche mag an die anhaltische Legende vom *Tanzwunder in Kölbigk* gedacht haben, der zufolge ein Berufskollege gegen die in

der Christnacht in seiner Kirche sin-
genden und tanzenden Bauern einen
Fluch ausgesprochen hat und sie ein
ganzes Jahr lang ohne Unterbrechung
tanzen mussten. Um 1500 feierten die
Menschen das Weihnachtsfest mit Kindelwiegen, Weihnachts- und Krippen-
spielen, Tänzen, Singen von Weihnachtsliedern und in lateinischer Sprache
gehaltenem Gottesdienst in den Kirchen.

Das Jesuskind war aber nicht nur Mittelpunkt der Andacht des Volkes und
der Nonnen. Zur berühmten Reliquien-
sammlung des Kurfürsten Friedrich des
Weisen gehörte in der Wittenberger
Schlosskirche auch eine silberne Statue eines Jesuskindes. Die Sammlung
enthielt 25 Partikel, vier von Bethlehem,
wo Jesus geboren wurde, einen von den
Tüchlein, in die man ihn gewickelt hat
(Wickelkind), gleich 13 Partikel von der
Krippe und einen von der Wiege, zwei
vom Heu, einen vom Stroh, auf das er
nach seiner Geburt gelegt wurde, einen
Partikel vom Golde und fünf von der

Jesuskind, Reliquiar aus der
Wittenberger Schlosskirche,
Holzschnitt von Lukas Cranach d. Ä.,
1509

Myrrhe, die die Heiligen Drei Könige ihm brachten, und
dann auch noch einen Partikel von der Stadt, in der er
beschnitten worden ist. Das Reliquiar wurde von Kurfürst
Friedrichs Hofmaler Lukas Cranach in einem Holzschnitt
für das Wittenberger Heiltumsbuch von 1509 dargestellt

und die genannten Reliquien wurden dort aufgezählt. Das Heiltumsbuch gilt heute als einer der ersten gedruckten touristischen Reiseführer. Den nach Wittenberg kommenden Wallfahrern und Reisenden wurde hier erklärt, dass sie im siebenten Gang der Heiltums- und Reliquienzeigungen als siebentes Stück dieses kostbare Reliquiar sehen würden und davor eine silberne Statue der Jungfrau Maria mit dem Kinde. Das wertvolle Marienreliquiar soll unter anderem einen Partikel von etlichen Fäden, die sie gesponnen hat, von ihrer Kleidung samt Schleier und sogar von der Milch der Jungfrau enthalten haben.

WEIHNACHTEN IM SCHWARZEN KLOSTER ZU WITTENBERG

Luther kam im Jahre 1508 erstmals ins Augustinereremitenkloster und an die Universität Wittenberg. Von 1510 an bis zu seiner letzten Reise im Februar 1546 lebte er ständig im Klostergebäude, das man nach dem schwarzen Habit der Augustinermönche das Schwarze Kloster nannte. Neben seinen vielen anderen Aufgaben predigte er in all diesen Jahren meist für die Gemeinde in der Stadtkirche, seltener im Kloster oder vor den Fürsten in der Schlosskirche. Bis zum Beginn der Reformation, die am Vorabend von Allerheiligen des Jahres 1517 mit den *Thesen* ihren Anfang nahm, hat er in Wittenberg sieben Jahre lang als Mönch und Universitätsprofessor gewirkt und nebenher als Distriktsvikar seines Ordens die sächsischen Augustinereremitenklöster besucht. Die Arbeit als Prediger und seine Reisen haben seine Einsichten in das Leben der Bevölkerung sicherlich weiter befördert. Seine Suche nach dem rechten Weg, die Gnade Gottes zu finden, ließ ihn auch die weltlichen und geistigen Bedürfnisse seiner Familie, Freunde und Nachbarn durchdenken.

Die Quellen schweigen leider über den alten Festbrauch in den Augustinerklöstern. In seiner Klosterzeit hatte sich der junge Mönch zur Sorge seiner Vorgesetzten besonders streng an alle Fastengebote und Andachtsübungen gehalten, so streng, dass man um seine Gesundheit fürchtete, wie er später zugab. In seiner Schrift *Von den guten Werken* beschrieb er 1522 die Möglichkeit, dass *vom Fasten der Kopf wüst und toll oder der Leib und der Magen verderbt* würden. Immerhin wurde die Fastenzeit auch im Kloster immer wieder unterbrochen.

In der Adventszeit haben besondere Chorgesänge die Vorbereitung auf das Weihnachtsfest unterstützt, eine Übung, die dem musikliebenden Mönch und Universitätsprofessor sicherlich sehr gefallen hat. Die Predigttätigkeit in der Klosterkapelle und Stadtkirche, wo der Gemeinde in der Weihnachtszeit die *Frohe Botschaft* übermittelt wurde, gehörte zu den wichtigsten Aufgaben der Geistlichen. Zu den ersten überlieferten Predigten Luthers zählen drei Predigten vom 25., 26. und 27. Dezember des Jahres 1514. Luther hat in der Weihnachtszeit offenbar besonders gerne gepredigt, am ersten Feiertage spätestens seit 1520 gleich zwei Mal. Am 25. Dezember 1520 sprach er zwei Mal über die vom Evangelisten Lukas erzählte Weihnachtsgeschichte, vormittags in der Stadtkirche und nachmittags in der Kirche seines Augustinerklosters. Im *Luther-Kalendarium* finden sich häufig Doppelpredigten am 1. Weihnachtstag und Predigten an allen Weihnachtstagen bis zum Dreikönigstag. Viele der Predigten wurden gedruckt. Wenn man bedenkt, dass auch ein Mann wie Martin Luther sich auf jede Predigt vorbereiten musste, ahnt man die gewaltige Leistung, die er alleine mit seinen Weihnachtspredigten erbracht hat.

Seit 1519 beschäftigte sich der Reformator verstärkt mit der Frage nach dem christlichen Inhalt des geübten Brauchtums in allen Lebensbereichen und versuchte, weltliche und kirchliche Bräuche zu trennen. Am 27. Dezember 1519 reiste er zu seinem Freunde Bartholomäus Bernhardi aus Feldkirch in das kleine in der Elbaue südlich Wittenbergs gelegene Städtchen Kemberg. Er predigte in der dortigen Stadtkirche und rief dabei die vielen Gottesdienstbesucher dazu auf, die Pflichten in der Familie, im Beruf und gegen die Armen besser wahrzunehmen als *gute Werke* wie Fasten, Wallfahren, Rosenkranzbeten und Messestiften. 1520 forderte Luther in seiner berühmten *Adelsschrift* die Abschaffung aller Feste als arbeitsfreie Tage. Die Marien- und großen Heiligenfeste wollte er stattdessen auf Sonntage verlagern. Dagegen sollten Familienfeste, wie die Eheschließung, als persönliche Feiertage erhalten bleiben. Er und seine Freunde suchten nach Wegen, Gottes Wort in seiner Ursprungsform unter die Leute zu bringen. 1529 erinnerte er sich in einer Predigt an diese Zeit und begründete sein Handeln damit, *dass wir keinen andern Mittler kennen als Christus. Darum waren die Heiligentage schädlich,* weil sie nicht nur die Heiligen erhoben haben, sondern auch dem Herrn Christus Abbruch getan. *Das wehren wir nicht, dass man die Heiligen groß halte und lobe, aber den Unterschied wollen wir haben, dass Christus sein eigen Recht hat. Denn wir waren in dem Irrtum, dass wir Christus nicht haben lassen Heiland sein, sondern ihn für einen Richter gehalten. Dann mussten die Heiligen kommen und zwischen uns und Christus verhandeln.*

Wir haben nicht hart gegen die Heiligen gepredigt, sondern vor allem von Christus gehandelt.

Erika Kohler fasste Luthers Bestreben so zusammen: *Dem weltlichen Brauch deutscher Art neigt er warmherzig zu, pflegt und prägt ihn auf seine eigene Art, erblickt ihn jedoch im kirchlichen Ritus als Fremdkörper, der aufzugeben ist.*[19]
Als Luther Weihnachten 1520 predigte, wusste er, dass dies Kind allen Menschen gegeben ist. *Gott speiset die ganze Welt mit einem kleinen Kinde ... Dies Kind macht doch alle Herzen satt,* denn diese *Gottesspeise* bleibt für jeden Menschen unversehrt, wird also nicht unter ihnen aufgeteilt. Darum erinnerte er, *eben dasselbe Kind wird von Maria gewischt, Maria gibt ihm die Milch.*[20] Gottes Sohn ist ein Kind der Menschen.
Die Geburt Jesu gehört seit dem 14. Jahrhundert zu den wichtigsten Themen der christlichen Kunst. Luthers Freund Lukas Cranach hat sie um 1520 erstmals gemalt. Cranach d. Ä. bediente sich in der Darstellung der Nacht einer Kerze und eines Lichtes, das vom Körper des Kindes ausgeht. Kerzen und andere Lichte und ganz besonders das Licht, das das Jesuskind aussendet, vertreiben, nach altem Glauben,

Cranach d. J., Epitaph »Anbetung der Hirten«, Stadtkirche Wittenberg

alle bösen Geister, Tod und Teufel. Gegen die bösen Geister, Tod und Teufel wirken aber auch die blühenden Zweige der hl. Barbara, mit grünen Zweigen bestreckte Gaben oder mit grünen Zweigen bestreute Fußböden und geschmückte Zimmer. Eine besonders schöne Tafel von Cranach d. J. mit der Darstellung der Krippe, des Engelschors und der Hirten, die durch die einheimische weiße Winterwelt gekommen sind, um das Wunder zu sehen, ist bis heute in der Wittenberger Stadtkirche erhalten.

Um 1520 beherrschte der Mönch und Reformator mit seinen Schriften den deutschen Buchdruck und Buchhandel. Jedermann im Reich und weit über seine Grenzen hinaus kannte seinen Namen und viele wollten ihn sehen. Kaum einen Monat nach Beginn von Luthers Reise zum Wormser Reichstag, auf der er überall herzlich empfangen und zur Predigt aufgefordert wurde, beklagte er sich bei seinem Freund, dem kurfürstlichen Geheimsekretär Georg Spalatin, er *verderbe allzu viele Zeit, mit dem zu Gaste gehen bei der Bürgerschaft. Ich weiß nicht, welcher Satan dieses anstellt, dass ich es nicht abschlagen kann; und doch tut es mir Schaden.*[21] Die vielen Besuche, verbunden mit ungewöhnlich reichem Essen, kennen wir heute noch aus der Weihnachtszeit und teilen besonders in den Tagen zwischen den Jahren diese Klage des Reformators.

Luther hielt sich am 31. Oktober 1521 noch auf der Wartburg auf. In Wittenberg predigte der junge und mit ihm eng befreundete Propst Justus Jonas in der Schlosskirche gegen den Willen Kurfürst Friedrichs wider den Ablass und seinen Missbrauch und am 1. November, dem Allerheiligentag, gegen die Seelämter. Auch in der Stadtkirche wurde an Allerheiligen gepredigt. Luthers Kritik hatte sich daran entzündet, dass den Gläubigen mit dem Kauf von Ablassbriefen von der Kirche ein Erlass ihrer Sündenstrafen versprochen wurde. Dies sei eine Anmaßung des Papstes, Gott alleine könne Sünden vergeben. Seine Kritik richtete sich auch gegen die Seelämter – von den Hinterbliebenen oft auf Jahre finanzierte Totenmessen, die angeblich der Tilgung oder Verkürzung von Sündenstrafen der Verstorbenen dienten.

Am 25. Dezember 1521 hielt Luthers ehemaliger Doktorvater Andreas Karlstadt in der Stadtkirche vor 2000 Menschen den ersten evangelischen Gottesdienst in weltlicher Kleidung und ohne die üblichen Zeremonien. Dabei reichte er das Abendmahl in beiderlei Gestalt, Brot und Wein. An der ersten evangelischen Abendmahlsfeier nahmen etwa 200 Menschen teil.

1523 teilte Luther Spalatin mit, er wolle nach dem Beispiel der Propheten und der Kirchenväter deutsche Psalmen für das Volk schaffen, geistliche Lieder, damit das Wort Gottes auch durch den Gesang unter den Leuten gegenwärtig sei. Daher suchten der Mönch und seine Freunde überall nach Dichtern und Komponisten. In Wittenberg haben im 16. Jahrhundert alleine etwa 300 Komponisten zum reichen Musikleben in der Stadt beigetragen. Während der Leipziger Disputation hatten die Wittenberger Theologen den damaligen Thomaskantor Georg Rhau kennengelernt. Georg Rhau und besonders Joseph Klug haben in den folgenden Jahren in Wittenberg Buchdruckereien gegründet und viele Gesangbücher gedruckt, die die Lieder des Reformators und seiner Freunde in die Welt getragen haben. Auch eine reiche Auswahl von Weihnachtsliedern ist in diesen Jahrzehnten entstanden.

Auf Luthers Rat hin, gegen den Willen Kurfürst Friedrichs, arbeiteten Justus Jonas und Johannes Bugenhagen während der Weihnachtsfeiertage 1524 an einer neuen Gottesdienstordnung für die Wittenberger Schlosskirche. Laut einer Nachschrift von Luthers Freund Georg Rörer hat Luther 1524 seine Weihnachtspredigt so begonnen: *Heute feiern wir die Ankunft Christi, des Sohnes Gottes, ins Fleisch. Und ist billig, dass wir jedes Jahr feiern und danksagen, dass es geschehen ist.* Anschließend gedachte er der jungfräulichen Geburt des Heilands und hielt den Zweiflern vor: *Wir glauben auch nicht, dass wir von der Mutter geboren sind. Das macht's dass die Wunder so gemein sind. Ist's nicht auch wunderbar, woraus er die Menschenfrucht macht? Wo ist im Samen der Stoff für die Augen, für die Zehen und die Nägel? ... So sind alle Gotteswerke unglaublich. Die Natur glaubt's nicht, dass der Apfel aus dem Stil wächst,* und doch tut er es.[22]

Im Mai und Juni 1525 veränderten drei Ereignisse Luthers Leben für immer: Kurfürst Friedrich starb, der Bauernkrieg wurde blutig niedergeschlagen und Luther vermählte sich mit der entlaufenen Nonne Katharina von Bora. Das Weihnachtsfest 1525 fand also unter ganz veränderten Bedingungen statt. Seine Frau war zum ersten Male schwanger und der neue Kurfürst Johann der Beständige befahl, zu Weihnachten in seinem Lande Kursachsen die Messe in deutscher Sprache zu lesen. Gleichzeitig wollte Kurfürst Johann zu seinem Regierungsantritt eine Art Kassensturz und eine darauf fußende Neuordnung der kirchlichen und weltlichen Struktur erreichen. Also verlangte er von den Ämtern und Städten in Kursachsen einen Bericht über den Stand der Dinge in religiösen Fragen, betreffend geistlicher Lehen, Gemeinen Kasten, Abschrift der Stadtordnungen

mit Hinweisen zum Erbrecht, Abschrift aller Zunftord-
nungen und Handwerks-Artikel, Bericht über die Maße,
die Ordnung mit Ackerleuten und Viehzucht, Gesindelohn,
Fuhrlohn, Wochenlohn und Tagelohn, Marktordnungen,
Brauordnungen, Gerichte, Gasthäuser und Schenken,
Feuerordnung, Auflauf (Ruhestörungen, Unruhen), Hoch-
zeitsordnungen, Festordnungen, Dorfordnungen.[23] Ein ge-
waltiges Vorhaben, das den Beginn neuzeitlicher Verwal-
tung in Kursachsen bedeutet. In Absprache mit Luther
legten die für Kursachsen verordneten Visitatoren in der
Folge unter anderem eine neue und gegenüber der vor-
reformatorischen stark gekürzte Festordnung vor. Die Ver-
minderung der Festtage und der mit ihnen verbundenen
Freizeit der Menschen sollte für eine höhere Arbeits-
leistung sorgen.

KAPITEL 2
WEIHNACHTEN IM LUTHERHAUS ZU WITTENBERG

WEIHNACHTEN IN LUTHERS PREDIGTTÄTIGKEIT

Luther hat, wenn er gesund und nicht auf Reisen war, das Jahr über an den Sonntagen vor der Wittenberger Gemeinde in der Stadtkirche gepredigt. Predigten in der Schlosskirche sind im Zusammenhang mit dem Aufenthalt der Kurfürsten, ihrer Familienangehörigen und ihrer fürstlichen Gäste belegt. Nur Friedrich der Weise mied aus politischen Gründen jeglichen Kontakt mit Luther. Wiederholt wurde Luther auf Reisen zum Predigen aufgefordert, und so können sich viele Städte rühmen, der Reformator habe hier gepredigt. Zu diesen öffentlichen Predigten kamen private, die erst im Kreise der Mönche und später im Lutherischen Familienkreise in der alten Kirche des

Augustinereremitenklosters stattgefunden haben. Während der Hochfeste zu Ostern und Weihnachten finden sich viele Doppelpredigten. Der Geistliche erschien also an einem Tage, meist dem 1. Feiertag, zweimal auf der Kanzel, einmal zumindest in der Stadtkirche. Er soll ein besonders eindrucksvoller Prediger gewesen sein, Bürger, Bauern aus den umliegenden Dörfern, Studenten, Soldaten und viele Gäste bildeten seine Zuhörerschaft. Für sie verband er die biblische Geschichte mit Bildern aus ihrem alltäglichen Leben, die sie gut kannten und verstanden. Die Predigten wurden, wie seine Vorlesungen und Tischreden, von Anwesenden mitgeschrieben, von Luthers Freunden editiert, in den Wittenberger Druckereien in Buchform gebracht und von den Wittenberger Verlegern und Buchhändlern verkauft.

Als rede er direkt zu uns heutigen Weihnachtsmuffeln, begann Luther 1538 seine Weihnachtspredigt so: *Heut hört ihr die Geschichte, die heute Nacht geschehen ist, die tröstlich und fröhlich ist. Denn die Engel im Himmel sind voller Freude, sagen's an und verkündigen's. Und gehet doch nicht sie an, sondern uns, uns ist's geschehen, wie auch die Engelspredigt lautet: »ich verkündige e u c h «, nicht uns Engeln; denn er ist ja nicht uns zu Trost und Erlösung geboren. Die Engel sind schon selig und waren's von Anfang an. Drum gilt's nicht ihnen, sondern uns.*[24]

1522 beschrieb er in seiner *Weihnachtspostille* einfühlsam die anstrengende Reise der hochschwangeren Maria und des Joseph nach Bethlehem: *Bethlehem liegt gegen Mittag wie SCHMIEDEBERG, Nazareth dort weithin gegen Mitternacht wie BRANDENBURG. Es war eine weite Reise. Ich glaube, sie haben einen Esel gehabt: Joseph wird so klug gewesen sein, dass er einen Esel für die Hochschwangere besorgte ... Den weiten Weg von 20 bis 30 Meilen hat sie müssen aufbrechen und zu der fernen Stadt reisen.*

Weihnachten 1525 beschäftigte ihn die Frage, warum der jungen Frau eines armen Tischlers niemand geholfen hat, und er führt schaudernd der zuhörenden Gemeinde vor Augen, dass sich der jungen Frau, die kurz vor ihrer ersten Entbindung stand, niemand erbarmte. Niemand hat ihr geholfen. Sie mussten zu einem fremden Ort ziehen und hatten dort nicht das Mindeste, was eine Wöchnerin benötigt – kein Licht, kein Feuer, mitten in der dunklen Nacht war Maria allein und niemand half ihr, wie das doch sonst für jede Kindbetterin selbstverständlich getan wird. Weiter meint der werdende Vater Luther, man müsse sich doch hier fragen, wie wohl die Tücher ausgesehen haben werden, in die Maria den Neugeborenen gewickelt hat. Nahm sie vielleicht ein Stück ihres Schleiers oder einen Teil ihrer Kleidung?[25]

Menschen in Not zu helfen, ohne Ansehen der Person und notfalls ohne Rücksicht auf sich selbst, das sind Tugenden, die der Reformator nicht nur von seinen Mitbürgern erwartet, sondern selbst vorgelebt hat. Luther zog sich niemals darauf zurück, dass mit dem Gemeinen Kasten, dem Hospital und anderen sozialen Einrichtungen, die auf sein Betreiben hin nicht nur in Wittenberg entstanden waren, genug getan wäre. Luther und seine Frau halfen allen, die an ihre Türe klopften und um Hilfe baten.

Die Gottesdienste wurden besonders zu den Hochfesten genutzt, um Kollekten zu Gunsten des Gemeinen Kastens und damit zur Versorgung der Armen in der Stadt einzusammeln. In seiner Weihnachtspredigt erklärte Luther 1520, warum die Hilfe für die Armen mit dem Glauben zu tun hat.

Gott liebt, so glauben wir – da wird ein Kuchen draus. Wiederum unser Nächster glaubt und wartet auf unsere Liebe, so sollen wir ihn auch lieben und ihn nicht umsonst unser begehren und auf uns warten lassen. Eins ist wie das andre: Christus hilft uns, wir helfen unserm Nächsten und haben alle genug.[26]

Die Bürger sorgten zusätzlich in ihren Testamenten. So stiftete Barbara Cranach, die aus Gotha stammte, 50 Gulden für Leinenhemden, die notleidende Kranke in ihrer Heimatstadt zu Weihnachten erhalten sollten.

Der Reformator nutzte seine Weihnachtspredigten, die Gemeinde immer wieder darauf hinzuweisen, dass der Inhalt des Festes der Heiland sei.

Das ist unsere Theologie, dass wir verstehen, was der Engel will. Davon predigen wir. Maria hat ein Kind geboren, der himmlische Vater hat einen Sohn, der in der Krippe und in einer Jungfrau Schoß liegt – das sind des Engels Worte. Warum aber hat das Gott getan? Maria hütet, säugt und nährt das Kindlein, wie eine Mutter soll. Drum spricht die Vernunft, Gott habe das alles dazu getan, dass wir aus ihr einen Abgott machen und dass man die Mutter ehre. ... Und doch lautet der Text nicht zu Ehren der Mutter. Denn der Engel spricht: ich verkündige euch Freude, euch ist er geboren! Also, ich soll mich des Kindes und seiner Geburt annehmen und soll die Mutter vergessen, soviel es möglich ist. Wiewohl man ihrer nicht vergessen kann; denn wo eine Geburt ist, da muss auch eine Kindesmutter sein. Dennoch soll man nicht an die Mutter glauben, sondern dass das Kind geboren sei.[27]

1530 hielt Luther die Weihnachtsgeschichte für einen Beweis, dass Gott es gut mit den Menschen meint. Wenn, wie die Engel sagen, dieses Kind für uns alle geboren sei und wir von Herzen daran glaubten, so müssten wir die Mutter Maria lieben und noch mehr das Kind und vor allem Gott, den Vater. Wenn wir das glaubten, dann könne Gott kein drohender, zorniger Gott sein, wie die Geistlichen es gelehrt hatten, sondern dann sei er ein Gott, der die Menschen liebt. Wir würden merken, dass im Herzen Gottes Freude sei, und die Unlust in unseren Herzen werde verschwinden.

Weihnachten 1529 hatte er darüber nachgedacht, dass es arme Hirten und nicht etwa reiche Leute oder gar Fürsten und Könige gewesen sind, denen als Ersten die Frohe Botschaft verkündet worden ist, und festgestellt: *Die leidige Plage ist, dass niemand diesen Hirten folgen mag.* Luther meinte, es sei wohl ein Werk des Teufels, dass niemand mit seinem Los zufrieden sei, und er forderte: *Nenne mir einen, der nicht unzufrieden ist mit dem Seinigen.* Niemand freut sich an dem, was ihm gegeben ist, und erfüllt seine Aufgaben stets mit Fleiß und Freude. Er selbst solle beten und schreiben und sei zu träge dazu. Ebenso hasse jeder Ratsherr sein Amt und möchte ein jeder lieber ein anderes. Der Freie sucht Bindung, der Gebundene sucht Unabhängigkeit. Luther verlangt, dass ein Ratsherr oder Richter sein Amt gerne ausüben solle. Ebenso solle ein Ehemann, ein König oder Herr fleißig für die Seinen sorgen. Aber seine Erfahrung ist anders: *Überall hört man, o wär ich! Doch das Evangelium sagt, der beste Stand, den du haben kannst, ist der, in dem du bist! und führt dabei die Hirten an, arme Menschen, die doch auserwählt sind und denen als Erste die Geburt des Heilands verkündigt wird. Manche sagen von*

sich, sie seien ledige Gesellen, hätten keinen Stand und Beruf.
Doch niemand hat keinen Stand! Gewiss leben wir nicht unter
Wölfen, sondern unter Menschen. Darum sollten wir fleißig sein,
unserem Nächsten dienen, ihn nicht an Gut und Ehre belei-
digen. Niemand verstünde diese Kunst der Zufriedenheit
und des Fleißes so gut wie die Kinder. *Sie essen, trinken,*
schlafen, machen der Mutter in den Schoß und richten so ihr
Amt aus. Sie üben kein Amt aus, das sie nicht verstehen.[28] So
sind die Kinder unsere Vorbilder und wir sollten ihnen
nacheifern.

Luthers Gedanken kreisten immer wieder einmal um die
Armut der Hirten, die zu seiner Zeit auf der untersten
Stufe der damaligen Ständegesellschaft lebten und doch
von Gott eine solche Auszeichnung erfahren hatten. Seine
Nachmittagspredigt vom 25. Dezember 1538 wird sogar
als *Hirtenpredigt* bezeichnet. Hier stellte der Theologe andächtig fest: *Es ist keine Lehre für solche, die ohne Sorgen*
sind und ohne Gefühl für Sünde, Tod und Unglück. Die ach-
ten Gott nicht und sind wie die Kühe. Aber die Hirten müssen sich um das tägliche Brot sorgen und wissen, dass
Gott ihnen ihren Stand zugeteilt habe, predigt Luther. Der
Glaube an das Kind Gottes bringt ihnen Halt, Trost und
Freude.

WEIHNACHTEN IN DER FAMILIE – DER VERSUCH DER NEUGESTALTUNG DES BRAUCHTUMS

Martin Luther und seine Frau Katharina haben am 13. Juni 1525 geheiratet. Beide haben bis zu ihrer Hochzeit einen großen Teil ihres Lebens in Klöstern verbracht; Martin im Augustinereremitenkloster in Wittenberg und Katharina im Zisterzienserinnenkloster Nimbschen bei Grimma. Nach dem Beginn der Reformation mussten beide, anfangs noch unabhängig voneinander, altgewohntes Brauchtum überdenken. Wie lebt man im Glauben, ohne gute Werke verrichten zu müssen? Wie viele Gebete dürfen nun den Tag unterbrechen? Ist es richtig, sich auf das Weihnachtsfest mit Fasten vorzubereiten? Die Liste der Fragen wird selbst im familiären Bereich unendlich lang gewesen sein und hat den Tag vom Morgen bis zum Abend und jeden Tag des Jahres betroffen. Alles musste neu durchdacht und geordnet werden. Dabei hat man vieles ausprobiert und dann fortgeführt oder verworfen. Darüber berichten aber weder Luther selbst noch seine Hausgenossen.

Hier wirkt sich wohl die Ansicht aus, die er in seiner Weihnachtspredigt am 27. Dezember 1527 geäußert hat, es *soll ein Christ wenig Worte und viel Taten machen, wie er es denn auch gewisslich tut, wenn er ein rechter Christ ist.*

Am 7. Juni 1526 wurde das älteste Kind des Paares geboren und auf den Namen Johannes Luther getauft. Dem Hänschen folgte am 10. Dezember 1527 eine kleine Elisabeth, die aber schon am 3. August 1528 gestorben ist. Am 4. Mai 1529 kam Magdalena zur Welt, am 7. November 1531 Martin, am 18. Januar 1533 Paulus und am 17. Dezember 1534 das Nesthäkchen Margarete. In das ehemalige Kloster der Augustinermönche zu Wittenberg, das sich nun in Besitz des Reformators befand, zog nach der Eheschließung der Eltern nicht nur der fröhliche Lärm der eigenen Kinder ein. Das Ehepaar zog neben den eigenen Kinder verwaiste Kinder von nahen Verwandten groß und stets lebten im Hause noch Studenten und Gäste.[29] Luther hatte sich schon lange vor seiner Eheschließung mit der Frage der Erziehung von Kindern beschäftigt und sich zum Beispiel 1524 in seiner noch immer lesenswerten Schrift *An die Ratsherren aller Städte deutschen Lands, dass sie christliche Schulen aufrichten und halten sollen* eingehend mit den Bedürfnissen von Kindern auseinandergesetzt. Die nun sein Haus bevölkernde Kinderschar stellte den Vater und Theologen vor täglich neue Aufgaben und Einsichten.

So machte er sich zum Beispiel Gedanken über das richtige Schenken in der Weihnachtszeit. In seiner *Auslegung des 147. Psalms* äußerte er 1532, dass man die Kinder lehren solle zu fasten, *bevor sie der Nikolaus oder das Christkind beschere*. Die Kinder wurden also zum Fasten angehalten, das ihnen helfen sollte, sich auf das Fest vorzubereiten. Man kann davon ausgehen, dass auch die Erwachsenen im Hause sich am Fasten der Kinder beteiligt haben. Luther unterschied also beim Fasten nach dem Ziel der Übung. Fasten als Mittel, Gnade bei Gott zu erlangen, wurde abgelehnt; Fasten als Mittel, sich auf die Ankunft Jesu vorzubereiten, begrüßt. Wie der Fastenbrauch im Lutherhause gehalten wurde, ist nicht überliefert. Immerhin äußerte der Hausvater in seiner Weihnachtspredigt vom 27. Dezember 1527, er *könne an einem Fastentage genau so gut predigen wie an einem Fleischtage, in einer Kirche genau so gut wie auf der Straße* – das Predigen sei also nicht abhängig von irgendwelchen Vorbereitungen, Bräuchen oder Orten, an denen es geschehe. In ihrem Buch *Zu Tisch bei Martin Luther* schreibt Andrea Dapper[30], dass in der dritten Adventswoche gefastet wurde, und weist darauf hin, dass das Fasten in protestantischen Gebieten auf unterschiedliche Weise weitergeführt worden ist. Auf Grund von archäologischen Funden in Martin Luthers Elternhaus zu Mansfeld konnte Dapper Weihnachtsessen und deren Rezepte rekonstruieren: *Leberwurst auf Weinkraut, Rindfleisch in Würzbrühe, Weinsuppe mit besonders geformten Mörserkuchen, Mönch und Gugelhupf, falscher Rehbraten und Karpfenhohlbraten mit schwarzer Pfeffersoße.*

Ende Dezember 1534 soll Luther an der Wiege des neu geborenen Töchterchens Margarete das schönste aller Weihnachtslieder *Vom Himmel hoch da komm ich her*, eine Darstellung der Weihnachtsgeschichte in Liedform, gedichtet haben. Als das Lied zum ersten Mal in der Lutherstube erklang, waren Hans acht, Magdalena fünf, Martin drei und Paulus eineinhalb Jahre alt. Man nimmt an, dass Luthers Lied im eigenen Hause von der Familie und den Hausgenossen gesungen wurde.

Der Weihnachtsmann als Gabenbringer erscheint erst seit dem beginnenden 19. Jahrhundert. Luther kannte die Heiligen als traditionelle Gabenbringer für die Kinder. Doch er wollte das Weihnachtsgeschehen in den Mittelpunkt des Festes bringen und die Freude der Kinder über die Geburt

Jesu durch Geschenke noch vergrößern. So versuchte er offenbar, das Christkind als Gabenbringer in seiner Familie zu etablieren. Vorher hatte St. Andreas oder St. Nikolaus den Kindern nachts Geschenke gebracht. Luther gefiel die Version, der zufolge Nikolaus über die Dächer reitet und durch *die Kamine Gaben in die bereitgelegten Mäntel* wirft *oder heimlich eintritt und beschert.* Von den Kindern wurde also weder das Aufsagen irgendwelcher Gedichte vor einem streng blickenden Gabenbringer erwartet noch sonst eine besondere Leistung. Im Gegenteil, am liebsten hätte Luther auf den Anblick des Nikolaus ganz verzichtet. Er verstand, dass die Freude am Fest vor allem bei Kindern durch die Gaben und Weihnachtsgeschenke wächst, und beschenkte die Kinder in seinem Hause.

Vor den Geschenken des Christkindes konnten sich die Lutherkinder offenbar auf das vom Vater aus den Kirchen ins eigene Haus geholte Krippenspiel freuen. Dabei hat er gewiss auch ausprobiert, welche Form der Feier den geistlichen Inhalt des Festes am besten und eindrucksvollsten vermittelt. Man darf sich das Weihnachtsspiel der Kinder im Lutherhause also in der Dramaturgie des Weihnachtsliedes so vorstellen:[31] Der Engel erscheint und verkündet

> *Vom Himmel hoch*
> *da komm ich her*
> *und bring euch gute, neue Mär,*
> *der guten Mär bring ich so viel,*
> *davon ich singen und sagen will.*

Der Engel erzählt, dass *ein Kindelein so zart und fein* geboren sei, *der Herr Christ unser Gott.* Die Kinder lauschen der Botschaft. Dann ziehen sie, die älteren wohl als Hirten verkleidet, mit dem Gesang *Des lasst uns alle fröhlich sein* zur Krippe, die hinter einem Vorhang steht. Der Vorhang öffnet sich. Die Kinder knien vor der Krippe und falten die Hände, um *das liebe Jesulein* anzubeten. Dann erheben sich die Kinder, reichen einander die Hände und tanzen singend um die Krippe herum.

> *Davon ich allzeit fröhlich sei,*
> *zu springen, singen immer frei*
> *das Susannine schön,*
> *mit Herzenslust den süßen Ton:*
> *Lob, Ehr sei Gott im höchsten Thron,*
> *der uns schenkt seinen ein'gen Sohn.*
> *Des freuen sich der Engel Schar*
> *und singen uns solch neues Jahr.*

ZWISCHEN ÜBERFLUSS
UND LEBENSMITTELTEUERUNG

Es ist selten, dass wir von einem Tage des Reformators durch eigene Aussagen und zugleich durch überkommene Notizen von Anwesenden nähere Kenntnis haben. Ein solcher Tag ist der 25. Dezember 1538. Luther hatte an diesem ersten Weihnachtstag, so, wie beinahe in jedem Jahr, zwei Mal in der Stadtkirche gepredigt, den Wittenbergern von der Kanzel die frohe Botschaft verkündet und ihnen in der Nachmittagspredigt vor Augen geführt, dass *doch kein weltliches Geschenk so stark ist, dass es das Herz zufrieden stellen könnte, Geld und Gut tuns nicht, Wollust auch nicht. Aber wer an das (Weihnachtswunder) glaubt, der muss sich von Herzensgrund freuen.*
Abends saß der Prediger im Kreise seiner Familie und schaute auf seine Frau Katharina, die Kinder Johannes, Magdalena, Martin, Paul und Margarete. Bei ihm waren auch die im Hause lebenden Studenten und Famuli, Gehilfen der Familie, die zum Teil als Erzieher und Lehrer der Lutherkinder und der vielen im Hause lebenden Kinder von Familienangehörigen und Freunden dienten. Alle hatten wohl kleine Geschenke erhalten, neben Äpfeln und Nüssen, Honig- und Pfefferkuchen auch Spielzeug aus Holz oder Ton, eine Puppe, ein Kleidungsstück. Der Vater hatte in der Vorweihnachtszeit einmal mit seinem damals noch kleinen Töchterlein Magdalena gespielt und sie gefragt: *Lenchen, was wird Dir der heilige Christ bescheren?* Leider hat der Schreiber die Antwort des Mädchens nicht für würdig

genug befunden, sie zu notieren, doch der Vater meinte darauf: *Die Kinderlein haben so feine Gedanken von Gott, dass er im Himmel und ihr Gott und liebender Vater sei.* Diese kurze Notiz aus den Tischreden gilt als Erklärung für Luthers Bemühung, den Nikolaus als Gabenbringer durch das Christkind zu ersetzen. In seiner Hausrechnung finden sich später dennoch Ausgaben für Geschenke zu allen drei Festen, zu Nikolaus, Weihnachten und Neujahr. Weihnachten und Neujahr kamen auch in der Stadt lebende Patenkinder und erhielten kleine Gaben. Die Kinder und auch das Gesinde sollten, wie Luther meinte, froh werden und Gott danken, dass die Eltern und Hausväter gut für sie sorgen.

Die Wittenberger konnten die Lebensmittel und die Geschenke für ihre Lieben, Freunde und das Gesinde seit 1468 auf dem Weihnachtsmarkt erwerben. Dieser Markt wurde auch von Viehhändlern aus Pommern und Polen besucht, die nach dessen Abschluss mit den unverkauft gebliebenen Schweinen und Ochsen weiter zur Neujahrsmesse in Leipzig zogen. Überall deckten sie den hohen Fleischbedarf der Menschen. Das Jahr 1538 allerdings war für viele Bürgerfamilien wegen zunehmender Teuerung von Lebensmitteln schwierig.

Im Allgemeinen war das Weihnachtsfest ein hervorragender Anlass, kräftig Bier zu brauen, das sich wetterbedingt nun auch gut kühlen ließ. Das Fasten wurde kaum noch eingehalten. In den Wochen vor dem Fest waren die Hausfrauen und Mägde nun emsig mit dem Brot- und Kuchenbacken beschäftigt, denn, was man zu Weihnachten bäckt, schimmelt nicht und kann bis Pfingsten genossen werden. Man hat gebuttert und geschlachtet und Haus und Hof sauber gefegt. Über die Feiertage muss nach alter Sitte alle Arbeit ruhen. Selbst die letzten Rocken, auf denen die Fasern befestigt waren, wurden in diesen Tagen vor dem Fest abgesponnen, die Spindeln geputzt und beiseite geräumt. Auch die fleißige Lutherin, die das Spinnen offenbar schon als Nonne erlernt hat,[32] wird ihren Spinnrocken nun weggeräumt haben. Die Knechte droschen das letzte Getreide. Nun widmete man sich nur noch den notwendigsten Arbeiten, versorgte das Vieh und kochte das Essen. In den Küchen breiteten sich bald alle Herrlichkeiten aus: Honig und kostbare Gewürze, Nüsse, Äpfel, Würste, Rind- und Schweinefleisch, Gänse. Ihr Duft zog durch die Häuser und sorgte für große Vorfreude. Viele Lebensmittel, die nun verspeist wurden, gelten im Volksglauben als Keime für das kommende Leben und müssen in diesen Tagen in fröhlicher Runde ausgiebig genossen werden, so Fische, die möglichst viel Rogen enthalten sollten, Eier, Hirse, Erbsen und Grünkohl. Ein gutes und reichliches Essen an Weihnachten, so glaubte man, bringt Segen für das kommende Jahr.

Gerne holte man sich vor dem Fest grüne Zweige oder gar Bäume in die Stube, die zum Treiben und Blühen gebracht wurden und, wie das alte Symbol des Lebensbaumes, ein langes und gesundes Leben versinnbildlichen. In einer Auferstehungspredigt hat Luther einmal voll Staunen über Gottes Natur darauf hingewiesen, dass in der Weihnachtszeit die Zweige von Kirschbäumen ganz tot scheinen und sich doch zu Ostern dicke Knospen entwickeln. Diese blühen auf und schenken uns im Sommer wunderbare Früchte. So wächst das Leben aus dem Tod, schließt sich immer wieder der Kreis.[33] Luthers Beobachtung passt in

Lutherstube

die Tradition des alten Brauches. Gerade Kirschbaumzweige waren dabei sehr beliebt, Tannenbäume als Weihnachtsbäume hingegen noch weitgehend unbekannt. Zur Lutherzeit musste im Elsass der Wald bewacht werden, weil die Leute spätestens am 21. Dezember in den Wald stürmten, um Weihnachtsmaien zu schlagen. Diese wurden dann zum Treiben gebracht und jeder versuchte, den schönsten blühenden Baum zu haben, ein Brauch, der sich bald über das ganze Land verbreitet hat. Da man sie meist am Barbaratag (4. Dezember) schnitt, bezeichnete man sie gerne als *Barbarazweige* oder auch *Barbarabäume* und hat sie seit dem 18. Jahrhundert mit Zuckerwerk, roten Äpfeln und später auch dicht mit Weihnachtskugeln behängt. Dieses

73

Brauchtum hat sich in Neunkirchen bei Erlangen bis in unsere Tage erhalten.[34]

Am Abend dieses ersten Weihnachtsfeiertages im Jahre 1538 war Martin Luther offenkundig sehr fröhlich und erzählte von der Schönheit der Schöpfung Gottes. Sein Famulus Anton Lauterbach notierte an diesem Abend in seinem Tagebuch, Luther habe gesagt: *Ah, wir armen Menschen, dass wir uns so kalt und faul gegen diese Freude stellen, die uns doch zu Gute geschehen ist! Sie ist die größte Wohltat, die weit, weit alle anderen Werke der Schöpfung übertrifft.*[35] Luther habe gemeint, die Engel haben uns die Geburt Jesu verkündigt, haben sich für uns darüber gefreut und davon gesungen. Ihr Gesang sei wunderschön gewesen und habe die ganze christliche Lehre verkündet, *denn das Gloria in excelsis Deo, Gott in der Höhe sei die Ehre, ist der höchste Gottesdienst; denselben wünschen sie uns und bringen ihn uns in diesem Christo.*

NEUJAHRSGESCHENKE, GEISTERABWEHR UND DREIKÖNIGSESSEN

Der Brauch, den Jahresbeginn mit Gabentausch, Scherz und Spiel zu feiern, war schon seit dem 10. Jahrhundert in den kirchlichen Ritus aufgenommen worden, indem man in die Neujahrsgottesdienste die weltliche Gewohnheit des Glückwünschens und Beschenkens integrierte. Selbst lutherische Geistliche begannen von der Kanzel, *das neue Jahr auszuteilen,* und fügten ihrer Predigt so einen fröhlichen Teil an. Jeder Zuhörer vom Fürsten bis zum verarmten Handwerker erhielt vom spottenden Prediger seinem Stand gemäß einen passenden Spruch. In seinen Neujahrspredigten 1521 und 1522 wendete sich Luther gegen diesen alten Brauch und sagte: *Auf diesen Tag pflegt man auf der Kanzel das neu Jahr auszuteilen, als hätte man sonst nicht genug nützliche und heilsame Dinge zu predigen, so dass man solch unnütze Fabeln statt des göttlichen Worts vorgeben und aus solchem ernsten Amt ein Spiel und Scherz machen müsste.* Neujahr und der Dreikönigstag gehörten zum Weihnachtskreis, jener Zeit, in der Luther die Geburt des Gottessohns und das Geschenk des Glaubens ganz im Zentrum sehen wollte. Deshalb predigte er in diesen Tagen besonders häufig und wollte im Gottesdienst keine scherzhaften Ablenkungen dulden.

Ein festliches Neujahrsessen stand allerdings überall in hoher Gunst. Gerne lud man dazu Freunde ins Lutherhaus wie 1546 den alten Freund Johannes Bugenhagen und vielleicht auch dessen Frau. Auf den Gassen vergnügte man sich etwas anders. Offenbar hatten die Wittenberger Studenten davon gehört, dass Lärm gut gegen böse Geister sei. Schon im Februar 1545 hatten Universitätsleitung und Rat der Stadt an Kurfürst Johann Friedrich geschrieben. Studenten hatten eine Art von Feuerwerk veranstaltet, indem sie Brandraketen warfen und so Feuergefahr für die Stadt heraufbeschworen. 1546 wurde wenige Tage nach Neujahr ein Universitätsmandat gegen dieses brandgefährliche Unwesen erlassen. Der Rat bat gleichzeitig die in der Stadt ansässigen Drechsler, die für die Raketen notwendigen Stöcklein nicht mehr herzustellen.[36]

Frühzeitig löste sich Luther von der alten Sitte, aus Sorge vor den vielen in den Rauen Nächten umgehenden Geistern das Heiraten zu unterlassen. Dem Volksglauben nach wurden das junge Paar und seine Ehe in dieser Zeit von den Geistern bedrängt, so dass man keine Eheschließung in dieser Zeit riskieren sollte. Nicht so Luther – er reiste am 29. Dezember 1524 gemeinsam mit seinen Freunden Nikolaus von Amsdorf, Justus Jonas und Philipp Melanchthon nach Pretzsch, um in der dortigen Schlosskirche Hans Lösers diesen und Ursula von Porzig zu trauen und dann die Hochzeit fröhlich zu feiern. Drei Jahre später schrieb er an seinen jungen Freund Justus Jonas, der sich wieder einmal in seiner Heimatstadt Nordhausen aufhielt, man habe am 28. Dezember 1527 die Haustochter Hanna von der Saale getraut und lade ihn zur Hochzeitsfeier ein, die am Neujahrsabend im Lutherhause stattfinden solle. Ende 1528 besuchte er die Hochzeitsfeier der Bürgerin Dorothea Kersten und des Schustergesellen Hans Kersten. Die Beispiele zeigen, dass Luther diese Furcht für einen unbegründeten Aberglauben hielt und seine Furchtlosigkeit vor den vermeintlich umgehenden Geistern vor aller Augen demonstrierte.

Angesichts der wachsenden Kinderschar konnte unmöglich jeden Tag eitel Sonnenschein herrschen. So wird einmal berichtet, dass *Doktor Martin Luthers Kindlein* am Neujahrstage überaus schrie, so sehr, dass niemand es beruhigen konnte. Da seien der Doktor und seine Hausfrau eine ganze Stunde lang traurig und bekümmert gewesen und Luther habe geklagt, der Ehestand sei mit solchen Beschwerungen verbunden, dass sich jeder Mann davor scheue, zu heiraten. Männer fürchten sich vor dem wunderlichen Sinn der Frauen, dem Heulen und Schreien der Kinder, großen finanziellen Belastungen und bösen Nachbarn. Darum wollen sie frei und ungebunden sein, wollen freie Herren bleiben und tun, was ihnen gelüstet, mit Huren und Müßiggehen.[37] Luther bekannte sich im Angesicht seines schreienden Kindes ganz ehrlich zu männlichen Ängsten vor Ehe und Vaterschaft und würdigte die Pflichten der Hausväter. Auch hier wurden von den anwesenden Herren Studenten keine Aussagen der Hausmutter Katharina notiert. Meist ging es im Lutherhause zu Neujahr fröhlich zu. Am 1. Januar 1537 fand eine Hausmusik statt, 1539 eine Neujahrsfeier und so fort.

Luthers Freunde, wie der Hofmaler Lukas Cranach und einige der Buchverleger, haben die Neujahrsfreude mit dem Geistlichen nicht teilen können – sie zogen, wie sehr viele andere Kaufleute auch, zum Neujahrsmarkt nach Leipzig. Die Straßen müssen trotz des schlechten Wetters um diese Zeit voller Menschen, Waren und Tiere gewesen sein. Wie auch die anderen Leipziger Messen zu Ostern und Michaelis war der Neujahrsmarkt ein wichtiger Termin für Zahlungen und Neuaufträge in den Kalendern der Kaufleute. Manchmal erhalten wir in diesem Zusammenhang sogar Hinweise auf Neujahrsgeschenke. So erhielt Cranach dort am 5. Januar 1512 eine Zahlung von 50 Gulden für zwei Marienbilder, die Kurfürst Friedrich seinem Vetter Herzog Georg von Sachsen und dessen Gemahlin Herzogin Barbara zum Neujahrstag verehrt hatte.[38] Fürsten verehrten einander ihrem Stande entsprechend kostbare Dinge, Menschen weniger hohen Standes erhielten mitunter Neujahrsglückwünsche und vielleicht noch Glückwünsche zur Geburt eines Kindes, wie Pfarrer Justus Jonas 1540 von Kurfürst Joachim II. von Brandenburg.[39] Allerdings beschenkte man auch sein Gesinde. Selbst die Stadtverwaltungen, wie die Wittenbergs, beschenkten ihre Angestellten und einige Bedienstete des Kurfürsten mit mehr oder weniger kostbaren Dingen. 1492 und 1502 konnte sich der Trompeter Friedrichs des Weisen je eines wertvollen Geldgeschenkes erfreuen. Zum Jahreswechsel 1530 erhielt Kurfürst Johanns Fußbote laut Kämmereirechnung des Rates der Stadt Wittenberg zehn Gulden zum Neuen Jahre.

Einige dieser *Neujahrsgeschenke* muss man wohl zu den Einkünften des Angestellten zählen, wie 1608 die *Verehrung* des Gemeinen Kastens zu Wittenberg für Magister Martin Hirschman. Der Conrektor der Lateinschule hielt dafür den Knaben jeden Freitag eine Arithmetikstunde. Auch die Neujahrsbrote des Küsters Johannes Jacob, die er von jedem Hause der Dörfer Dobien, Schmilkendorf, Reinsdorf und Braunsdorf neben dem erhielt, was die Bauern ihm zum Neuen Jahr abgeben konnten, zählen wohl zu seinen Einkünften. Ähnliches ordnete Luthers Freund, der kursächsische Erbmarschall Hans von Löser, für sein Dorf Meuro in der Elbaue an. Dort erhielt noch 1617 der Küster von jedem Hausstand und von den Hirten und Schmieden je zwei Neujahrsbrote. Selbst in Apollensdorf, das als ärmste Pfarrei des Kurkreises beschrieben wird, soll 1555 der Küster zum Neuen Jahre von jedem Bauern je ein Neujahrsbrot und eine Bratwurst erhalten haben. Neujahrsbrote für Küster finden sich in sehr vielen Gemeinden des Kurkreises. Aus den Dörfern Groß Marzehns und Schmögelsdorf im Fläming erhielt Küster Stephan Leonhart zusammen 28 Neujahrsbrote, zu denen *ein paar Käse, oder Eier, oder eine Bratwurst* gereicht werden sollten, was selten geschah, denn die Fläminggemeinden waren sehr arm. 1578 erhielten die Einwohner des Flämingdorfes Meuro keine wöchentlichen Katechismuspredigten mehr, weil sie dem Küster die ihm zustehenden Brote vorenthalten hatten.

1610 und 1617 forderten Visitatoren in Wittenberg die Erneuerung von früheren Mandaten und Anordnungen, *das neue Jahr und die Ostereier* abzuschaffen, weil daraus *viel Ärgernis und müßiges Umlaufen verursacht* würde. In Wittenberg mussten Schulmeister und Küster auf die Sammlungen unter Bürgern und Studenten während der Gottesdienste hoffen, doch fiel der Ertrag einem Bericht aus dem Jahre 1581 zufolge recht unterschiedlich aus. Zur Besoldung von Magister Johannes Ursinus, Rektor der Wittenberger Lateinschule, gehörten im Jahr 1575 je 12 oder 13 Gulden, die das Umreiten zu Weihnachten nach Abzug der Unkosten erbrachte.[40] Der Weihnachtsumritt fand sicherlich am 26. Dezember, dem Stephanstag, statt, denn der Heilige galt als Beschützer der Pferde. Die Haferzeremonie gehörte ursprünglich zu den Aufgaben der sächsischen Herzöge und späteren Kurfürsten nach der Königswahl in Frankfurt. Seit dem 15. Jahrhundert ist sie vor allem in Mitteldeutschland in Form von Weihnachtsumritten um die Stadtkirchen nachweisbar. Sie hielt sich in der alten sächsischen Hauptstadt Wittenberg über Luthers Tod hinaus, obwohl der Reformator die weihnachtlichen Pferdeumritte zu Gunsten des Heiligen abgelehnt hatte.[41]

1526 verehrte der Wittenberger Rat der jung verheirateten Lutherin zum Neuen Jahr schwäbische Leinwand im Wert von 1 Gulden 8 Groschen 3 Pfennigen, und Kurfürst Johann schenkte 100 Gulden zur Haushaltung, die dankbar angenommen wurden, wogegen das Geschenk Erzbischof Albrechts durch Luther zurückgewiesen wurde. Ein Hofbeamter Herzog Heinrichs von Mecklenburg brachte Luther im Januar 1539 vier Fische (Bleie) im Wert von achteinhalb Gulden. Die Wittenberger Reformatoren und allen voran Luther konnten sich im Laufe der Jahre sehr häufig über Geschenke freuen, die ihnen nicht nur den Jahreswechsel verschönt haben. Allerdings gaben sie nicht nur Anlass zur Freude, sondern boten Gehässigen Gelegenheit zu übler Nachrede, wie sie sich Luther im Februar 1542 verbitten musste.[42]

Wir wissen sogar, dass und wie damals Neujahrsgeschenke eingepackt wurden. 1494 und 1508 erwähnte erst Sebastian Brant in seinem Buch *Narrenschiff* und dann der mit ihm befreundete Kanzelredner Geiler von Kaisersberg die Verwendung von Tannenreisern im Neujahrsbrauch.[43] Luther schrieb zur Jahreswende 1521/22 einem Gegner erzürnt, er solle nur kommen. Luther wolle ihn dann mit *Meyen* (blühenden Zweigen) bestecken und ihn dann denen, die ihn gesandt hätten, zum Neuen Jahr schenken. 1520 beschrieb Johann Bohemus aus Aub in Franken in seinem in lateinischer Sprache verfassten Buch über *Aller Völker Sitten, Gesetze und Bräuche* eine heimatliche Neujahrsfeier: *Da versenden wir in den Gabenkörbchen vergoldete Äpfel, denen wir mit grünem Buchs und mit anderen duftenden Kostbarkeiten ein Krönlein machen.* Grimmelshausen erwähnte noch 1669 im *Simplizissimus: mit Buchsbaum besteckte* Neujahrsgeschenke. Neben dem Glockenläuten und dem Räuchersegen, neben Lärmen und Peitschenknallen, Schießen und Hörnerblasen, auch neben den Lichtern, schoben sich die immergrünen Zweige mit durchaus gleicher Bedeutung in den Zwölftenbrauch ein. Alles das sollte ursprünglich nicht etwa dem Festschmuck dienen, sondern war allein auf die Abwehr der Spuk- und Schadengeister der Mittwinterzeit gerichtet. Blühende Zweige, Tannenreiser und Buchsbaum als Beigabe zu den Geschenken und in den Stuben symbolisierten den Wunsch nach ewigem Leben, der Abwehr böser Geister und waren schon damals Glücksbringer. Erwachsene aller Stände beschenkten und grüßten sich üblicherweise an Neujahr. Unter den ältesten Druckwerken, die bekannt sind, finden sich Neujahrsgrüße.

Luthers Versuche, die Kinderbescherung an das Christkind und Weihnachtsfest zu binden, setzten sich erst nach seinem Tode durch. Selbst in seinem Hause erhielten die Kinder ihre Geschenke vom Nikolaus, vom Christkind und zuletzt auch noch zu Neujahr.

Den Abschluss des Weihnachtsfestkreises beging man am Dreikönigstag. Danach begann die Fastnacht, die ursprünglich die Zwischenzeit darstellte zwischen dem Adventsfasten, das am Dreikönigstag endete, und dem Osterfasten, das auf die Passion Christi hinführte. Die Dreikönigsnacht galt neben Christnacht und Neujahrsnacht als besonders gefährliche Raunacht, an der beispielsweise Frau Holle von ihrer Reise mit dem wilden Heer in die Hörselberge bei Eisenach zurückkehren musste. In späteren Zeiten durften die Kinder am Dreikönigstag den Weihnachtsbaum plündern.

Auch dieser Feiertag wurde nach dem Gottesdienstbesuch mit einem fröhlichen Essen innerhalb der Familie oder einer beruflichen oder geistigen Gemeinschaft, wie einer Handwerkszunft, festlich begangen. Wir erfahren vom *Bohnenfest am Dreikönigstage: Die Hausfrau bäckt zu diesem Zwecke einen Kuchen und mischt eine Bohne in den Teig hinein. Wenn die Gäste sich abends versammelt und um den Tisch Platz genommen haben, wird der Kuchen in soviel Stücke, als Teilnehmer vorhanden sind, zerschnitten, worauf eines der Kinder sich unter dem Tisch versteckt und der Reihe nach bestimmt, welches Stück jeder von dem Kuchen erhalten soll; das erste Stück wird dem »guten Gotte« geweiht. Wem das Stück mit der Bohne zufällt, der wird König bzw. Königin und wählt sich seinen Partner aus der Gesellschaft. Beide umgeben sich mit einer Art Hofstaat, dessen Mitglieder bestimmte ihnen zufallende Pflichten den Abend über erfüllen müssen. Sobald der König trinken will, ist die ganze Gesellschaft verpflichtet, das gleiche zu tun; wer sich weigert mitzumachen, muss ein Pfand an den Hofnarren zahlen.*[44]

1524 schrieb Melanchthon in einem Brief an Camerarius, er habe mit den Schülern das *Königsspiel* nach alter Weise am Dreikönigstag gespielt. Dagegen bezeichnete Luther die Umzüge zum Dreikönigstag als *Affenspiel.*

KAPITEL 3

FÜR DIE RECHTE CHRISTLICHE CELEBRATION DER HEILIGEN ZEIT

ZUR BESCHERUNG ALLERLEY PUPPENWERK

1565 feierten Kurfürst August von Sachsen und seine Frau, Kurfürstin Anna, Weihnachten mit ihrer dreizehnjährigen Tochter Elisabeth, dem fünfjährigen Kurprinzen Christian, der dreijährigen Maria und der zweijährigen Dorothea. Selbstverständlich ging der Landesherr nicht selbst Geschenke einkaufen. Er beauftragte damit den Leipziger Bürgermeister Hieronymus Rauscher. Die Stadt Leipzig hatte zu dieser Zeit dreimal im Jahr eine Messe in ihren Mauern, die Neujahrsmesse, Ostermesse und im September die Michaelismesse. Hier trafen sich die europäischen Händler mit ihren Waren, die vom berühmten Nürnberger Tand bis zu Stockfisch aus Norwegen, von russischen Pelzen bis spanischen Weinen reichten. Die Auswahl war also nirgendwo größer als in der Messestadt. So konnte der Bürgermeister dem Paar am 5. November über seine Besorgungen berichten: *Zur Bescherung Eurer kurfürstlichen Gnaden herzliebsten Kinderlein, meiner gnädigen und lieben jungen Herrschaft, habe ich allerlei Puppenwerk gekauft; kostet alles zusammen zehn Gulden zwei Groschen.* Er habe immer das Schönste und Beste, was nur zu haben war, erstanden, muss aber doch bekennen, es sei teilweise *alberner Tand,* der nicht sehr teuer sei, doch *können Kinderlein bisweilen an solchem geringen Ding wohl so viel Freude haben,* wie sie auch an teurem Spielzeug hätten. Der Preis bestimme also nicht den Wert eines Spielzeuges, den die Kinder ihm beimessen. Die Geschenke für den Kurprinzen Christian seien noch nicht vollständig. Rauscher berichtet, er wolle für ihn noch einige schöne Reiter nebst Reitstall und weiterem Zubehör beschaffen und bald alles nachsenden. Doch die Kurfürstin war offenbar mit den Weihnachtseinkäufen des Bürgermeisters für ihre Kinder noch nicht ganz zufrieden. Sie wies ihn am 21. November an, für ihren Sohn Christian und die beiden jüngsten Töchter weitere *englische Hündlein, Reiter, Pferde und sonst allerhand Rüstung, so man Kindern pflegt bescheren zu lassen* zu beschaffen. Ihr gnädigstes Begehren galt Spielzeug, das den Kindern so gut gefalle, dass sie gerne damit spielen würden. Es sollte nicht zu aufwändig oder teuer sein. Rauscher sollte ausreichende Mengen einkaufen und alles wohlverwahrt nach Torgau schicken, wo die kurfürstliche Familie feiern wollte. Zum Spielzeug eines kleinen Prinzen gehörten also Reiter, Pferde und Hunde, sowie allerlei Rüstungen, mit denen sie Jagden, Turniere und ähnliche fürstliche Lebensinhalte nachspielen konnten.[45] Kaiser Maximilians Heldenroman *Weißkunig*

Puppen aus Holz

zeigt ihn in einem der Holzschnitte als Knaben, der auf einem Tisch zwei Turnierritter gegeneinander antreten lässt. Die Qualität der Spielzeuge der Kinder dieses obersten Gesellschaftsstandes ging natürlich weit über die der Kinder des Bürgertums oder gar der Armen hinaus. Dennoch war man selbst in Adelskreisen stets kostenbewusst. Mädchen erhielten meist Puppen, oft *Docken* genannt, Handarbeitszeug und Bücher. Das waren natürlich keine Käthe Kruse-Puppen, sondern Puppen aus den verschiedensten Materialien. Selbst Handpuppentheater waren schon lange bekannt und in allen Ständen beliebt. Die Theater entstanden offenbar in Westeuropa. Die älteste heute bekannte Darstellung eines solchen Handpuppentheaters befindet sich in einer Handschrift des Alexanderliedes, eines Versepos. Die darin enthaltene Darstellung entstand um das Jahr 1340 und zeigt ein Elternpaar mit seinen Töchtern als begeisterte Zuschauer. 1363 ließ Graf Jan van Blois in Dordrecht ein Dockenspiel aufführen. Und 1395 wurde einem Manne Geld überreicht, weil er für den Grafen von Holland in dessen Kammer ein Dockenspiel aufgeführt habe. In Deutschland lassen sich seit dem 15. Jahrhundert Puppenspiele nachweisen, die oft christliche Themen zum Inhalt hatten.[46]

Die Tradition der Weihnachtsgeschenke lässt sich dann auch bei dem inzwischen regierenden Kurfürsten Christian finden. Seine Ehefrau Sophia schenkte ihm eine um 1580 in Nürnberg entstandene Uhr mit mechanischem Kalender. Die Kurfürstin ließ sie bei Uhrmacher Paulus Schuster für 700 Gulden erwerben und überreichte das überaus kostbare Geschenk ihrem Gatten *zum heyligen Christ*. So finden wir in der kurfürstlich sächsischen Familie Luthers

Wunsch umgesetzt, das Christkind als Gabenbringer einzuführen. Geschenke erhielten nun nicht nur die Kinder
und das Gesinde, sondern das Herrscherpaar beschenkte
sich aus Anlass des Christfestes gegenseitig. Die Uhr
gelangte am 30. Dezember 1590 in die kurfürstliche Kunst-
kammer. Heute kann man dieses frühe nachweisbare Weih-
nachtsgeschenk im Physikalisch-Mathematischen Salon zu
Dresden bewundern.[47] Später gab Kurfürstin Sophia bei
Plattnermeister Anton Pfeffenhausen in Augsburg zwölf
Fußharnische, wie man sie zu Turnieren benutzte, als
Weihnachtsgeschenke in Auftrag.

Für Kinder armer Leute gab es zum Glück die Natur.
Handwerklich begabte Eltern, Großeltern und ältere Ge-
schwister mögen daraus die schönsten Spielzeuge für die
Kleinen gebastelt haben.

Naturspielzeug

EINE KURTZE COMEDIEN VON
DER GEBURT DES HERRN CHRISTI

Martin Luther und Philipp Melanchthon förderten den aus Zwickau stammenden Studenten Joachim Greff und halfen ihm, gute Anstellungen als Lehrer zu finden. Sie unterstützten ihn im Jahre 1543, als der Schulmann im anhaltischen Dessau mit einigen Geistlichen wegen seiner Liebe zum Theater angegriffen wurde. Greff verfasste seine Stücke auf Grundlage biblischer Motive und ließ darin gerne kleine Alltagsszenen einfließen. Seit 1536 wurden seine meist in deutscher Sprache und Reimform verfassten Theaterstücke von den wichtigsten Wittenberger Buchdruckern der Reformationszeit gedruckt und fanden in Wittenberg noch lange nach Greffs Tod weitere Auflagen.

Melanchthons Bemühungen um die Einführung von Schüleraufführungen und sein Engagement für studentische Theaterstücke fielen in Brandenburg auf fruchtbaren Boden. Der aus Hamburg stammende Goldschmiedsohn Heinrich Knaust hatte seit 1537 in Wittenberg studiert. 1540 wurde er Rektor der Lateinschule in Berlin-Cölln und ließ am Dreikönigstag 1541 im dortigen Rathause ein eigenhändig verfasstes Theaterstück aufführen: *Ein seer schön und nützlich Spiel von der lieblichen Geburt unsers Herrn Jesu Christ.* Über *Weihnachten in Brandenburg* hat Gundel Pausen ein spannendes Buch geschrieben.[48] Sie berichtet, dass diesem ersten Spiel weitere folgten, so am 2. Februar 1549 (Lichtmess gilt mitunter als endgültiges Ende des weihnachtlichen Festkreises), ein Weihnachtsspiel des Spandauer

Predigers Christopher Lasius, das von der Geburt Christi und dem Bluthund Herodes handelte. Auch Lasius hatte in Wittenberg studiert und neben den Vorlesungen Luthers besonders die Melanchthons gehört.

Das dritte von Frau Paulsen gefundene nachweisbare Weihnachtsspiel in Brandenburg verfasste wahrscheinlich der Prinzenerzieher Valentin Rehefeld, der 1598 der verwitweten Kurfürstin Elisabeth von Brandenburg auf ihren Witwensitz nach Crossen folgte und dort ihre vielen noch jungen Kinder unterrichtete. Dieses Weihnachtsspiel hieß *Eine kurtze Comedien von der Geburt des Herrn Christi* und wurde interessanterweise in plattdeutscher Sprache verfasst, ist also kein Stück für eine Lateinschule. Die Grenze des Gebrauchs der plattdeutschen Sprache verlief noch immer im Bereich Wittenbergs bis hinüber in den Harz. Die Sprache war im 16. Jahrhundert in allen Gesellschaftskreisen so verbreitet, dass Luthers aus Pommern stammender Beichtvater Johannes Bugenhagen nicht nur an der lutherischen Bibelübersetzung beteiligt war, sondern gleichzeitig eine plattdeutsche Fassung vorlegte, die in Wittenberg immer wieder gedruckt und verlegt wurde. Besagtes Weihnachtsspiel wurde 1589 von Prinzen, Prinzessinnen und anderen adeligen Kindern am Hofe des Kurfürsten Johann Georg von Brandenburg aufgeführt. Die kurfürstliche Familie betrieb ganz nach dem Vorbild vom Krippenspiel der Lutherfamilie eine aufwändigere Art von privatem Weihnachtsspiel. Der Theaterzettel mit den groß geschriebenen Namen der Mitwirkenden und klein geschriebenen ihrer Rollen gilt als ältester in deutscher Sprache geschriebener und erhaltener Theaterzettel. Das Christkind wurde durch den 18 Monate alten Markgrafen Friedrich von

Brandenburg verkörpert. Die Hirten stellten Bernhard von Nötschow und Christoffell von Horn dar. Unvergesslich scheint das Ende der Erscheinungsszene, denn hier soll nach Theateranweisung ein *gepapptes Engelchen samt zwei Sternen und Raketchen an einer Leinen heruntergelassen werden, davon die Hirten furchtsam und erschrocken sein.* Nachdem sie das Kindlein angebetet hatten, bereiteten ihm die drei Engelein Essen, wärmten ihm die Windeln an und *beschenkten es mit allerlei Spielzeug.* Die herbeieilenden Heiligen Drei Könige trugen einen Sternenglobus bei sich und begutachteten damit den über dem Stall stehenden Stern, man liebte die Astrologie damals nicht nur am Hofe in Berlin. Das Stück galt bis zu seiner Wiederauffindung im Jahre 1820 als verschollen und wurde dann in der zweiten Hälfte des 19. Jahrhunderts in Berlin noch mehrfach aufgeführt. Die Berliner verstanden vor hundert Jahren das Niederdeutsche also noch genau so gut wie die kurfürstlichen Prinzen und Prinzessinnen im Jahre 1589.

Die inzwischen erwachsenen Fürstenkinder haben sich an diese Weihnachtsaufführung, an der sie selbst beteiligt gewesen sind, offenbar gerne erinnert. 1611, also gut 20 Jahre später, führte man am Berliner Hof als Weihnachtsspiel einen Kinder-Katechismus auf. Dieses Mal erzählten die brandenburgischen Prinzen und Prinzessinnen in verteilten Rollen in einem Frage- und Antwortspiel die Geschichte von der Geburt Christi.

Die Weihnachtsaufführungen am Fürstenhof wurden offenbar von der Bevölkerung imitiert, sehr zum Ärger der Geistlichkeit nach Gutdünken von ihrer biblischen Vorlage entfremdet und der Familie wieder entzogen. Am 17. Dezember 1686 wurde im Namen des Großen Kurfürsten

Puppentheater

ein *Mandat, solche Ärgernis gänzlich abzuschaffen* beschlossen, weil während der Feiertage mit dem sogenannten heiligen Christumgehen viele sehr ärgerliche Dinge vorkämen, sogar Komödien und Possenspiele dabei gemacht und getrieben würden.

Doch landesherrliche Verordnungen und der Schauder des Adels, der Geistlichkeit und aller, die meinten, zur *guten Gesellschaft* zu gehören, halfen nichts. Das Volk eignete sich die Weihnachtsgeschichte an und erzählte sie auf seine Weise unterhaltsamer als die sogenannte Hochkultur, die oft genug selbst für Gebildete langweilig war. 1886 stellte *die Illustrierte Wochen- und Monatsschrift für die Geschichte Berlins und der Mark, Der Bär* fest, in der Hauptstadt seien nur noch für den Pöbel die Verkleidungen in der Weihnachtszeit geblieben, und fragte, warum das Volk *bei diesen Vorstellungen nicht nach Belieben lachen oder Schrecken oder Glauben empfinden dürfe, indes wir (wir Bildungsbürger) vor unserer regelmäßigen Bühne tödliche Langeweile empfinden?* Sicherlich zum Entsetzen etlicher bürgerlicher Leser gab der Autor auch noch zu, er habe mehrere jener grotesken Spiele angesehen und festgestellt, einige Verse besonders des Teufels wären *drollig genug* gewesen und hätten zum Vergnügen des Publikums beigetragen. Schade sei nur, *dass die jetzigen Schauspieler (gemeiniglich Kinder aus den Vorstädten) ihre Rollen, die ihnen nur durch Tradition überkommen sind, immer mehr verderben und verkürzen.*

Luther propagierte eine leidenschaftliche und ernste Beschäftigung mit dem Glauben. Doch etwa 100 Jahre nach seinem Tode setzte die Zeit der Aufklärung ein und veränderte das Verhältnis der Menschen zur Kirche. Um ihre Religiosität auszuüben, sehnten sie neue Möglichkeiten herbei. So wie die Gläubigen im Mittelalter oftmals in den Kirchen um den Altar getanzt hatten, suchten nun auch sie nach einer sie stärker ansprechenden Art der Verkündigung.

WIR ARMEN SCHÜLER WAREN WOHL RECHTE GEPLAGTE MÄRTYRER

Luthers Haltung zum Kurrendegesang war zwiespältig. Einerseits erinnerte er daran, dass auch er als Kurrendesänger in seiner Schulzeit unterwegs gewesen ist und dennoch etwas aus so einem Sängerknaben werden könne. Andererseits übersah er die Auswüchse bei diesem Brauch nicht. Luther hatte sich erfolgreich für eine Neuordnung des Armen- und Sozialwesens in den Gemeinden eingesetzt. Doch auch noch lange nach seinem Tode blieben viele Schüler nicht nur in Wittenberg bedürftig. Darum wurde die Tradition des Kurrendegesangs überall fortgesetzt. Der Schmalkaldische Krieg hat im Kurkreise schwere Zerstörungen hinterlassen. Besonders die Landbevölkerung war teilweise verarmt. 1555 notierten die Visitatoren während der Kirchenvisitation in Wittenberg ähnliche Zustände, wie sie heute wieder in Zeitungen und an Stammtischen beklagt werden.

Es hat der lateinische Schulmeister geklagt, dass den armen Schülern und besonders denen in der Kurrende vor den Häusern wenig gegeben werde und dass der andern müßigen Bettelkinder sehr viele hier mit Beschwerung der Bürgerschaft umherlaufen, die keine Schule besuchen und aus den Vorstädten und umliegenden Dörfern in die Stadt laufen. Sie tragen *ihren Eltern, die die Arbeit fliehen, Brot und Geld zu und entziehen damit den armen Schülern mit ihrem Betteln nicht allein Almosen,* sondern nehmen sich die Gaben bisweilen *auf der Gasse mit Gewalt.*[49]

Gegen die Bettelkinder sollen die Bürgermeister vorgehen, Schulmeister und Kastenherrn jedoch sollen für die armen Schüler eine Kurrendeordnung erstellen, in der festgelegt wird, wie und an welchem Tage alle armen Schüler umhergehen und mit lateinischen Gesängen Almosen der Bürger einsammeln dürfen. Der Pastor und die anderen Geistlichen sollen die Bürger immer wieder von der Kanzel ermahnen, den Kurrendesängern milde Gaben zu überreichen.

1598 wurde Georg Buchmann in Züllichau geboren. Er erzählte in der Chronik seiner Heimatstadt vom Festbrauch der Schüler.

Wir armen Schüler waren wohl rechte geplagte Märtyrer, dennoch hatten wir in unserem Sorgen auch allerhand Freuden, die uns dann wieder aufmunterten und erfrischten. Denn kurz vor Weihnachten freuten wir uns auf das Quem pastores, wenn es in den Schulen geprobt und in den Kirchen, in der Christnacht, würde gesungen werden. Und da wurden die Quem pastores-Bücher unter der Zeit mit allerhand Farben gemalt, zugerichtet und bereitet. Wenn der Heilige Abend kam, waren wir bedacht auf die Christfackeln, die wir bei dem Quem pastores gebrauchen sollten. Und da war der Glöckner, der die

Christfackeln aus grün, rot und anderen farbigen Wachsen machte und den Knaben verkaufte. Gegen Abend, nach der Vesper ging der verkleidete Heilige Geist von Haus zu Haus in der Stadt und in den Vorstädten umher mit einem lieblichen Räucherwerk eines Räucherfasses. Die Kinder wurden ihm vorgestellt, mussten beten, und einige bekamen ihr Christgeschenk in Kleidern, damit sie auch an der Feier der Christnacht teilnehmen könnten. Diese Kinder waren wohl so arm, dass sie sonst keine ordentliche Kleidung besaßen.[50]

Von Georg Buchmann ist weiter zu erfahren, dass man die Christnacht um 21 Uhr einläutete. Die abends, wie sonst üblich, verschlossenen Stadttore wurden nun wieder geöffnet und die Landbevölkerung strömte aus den umliegenden Dörfern herbei. Die Burschen steckten den von ihnen verehrten jungen Mädchen *von verschiedenen Farben durchzogene Christfackeln in ihr Kirchengestühl.* Dann begann der Gottesdienst und dauerte mit Gesang und Predigt bis Mitternacht. Die größte Freude der Knaben war, dass sie während des Gottesdienstes die vom Glöckner erworbenen farbigen Fackeln in den Händen halten und dabei unter Anleitung des Kantors singen konnten. So wie am Heiligen Abend zur Vesper und Christnacht sang der Kantor mit seinen Schulknaben auch am Weihnachtstag *das Puer natus in Bethlehem* und andere Weihnachtslieder. Mit den Knaben ging er während der Weihnachtsgottesdienste wie bei einer feierlichen Prozession in der Kirche herum und wiederholte den Umzug nach der Predigt.

1745 bis 1756 war der Philosoph Johann Friedrich Hiller gewählter Rektor der Wittenberger Stadtschule. Als Schulrektor gehörte es nun zu seinen Aufgaben, sich an den Singeumgängen zu beteiligen, deren Erträge ihm zum

Teil zuflossen. Das erschien dem Akademiker zum Ärger seiner Vorgesetzten als unwürdig und er verweigerte sich. Aus dem nun entstandenen Schriftwechsel erfahren wir, dass sich in diesen 200 Jahren nach Luthers Tod in der Wiege der Reformation an der Armut der Schüler und Lehrer nichts geändert hat. Es sei von alters her üblich gewesen, zu Ostern und Weihnachten in Wittenberg Singeumgänge zu veranstalten. Daran nahmen nicht nur der Singechor, sondern auch einige offenbar bedürftige Studenten unter Führung der sechs an der Stadtschule beschäftigten Lehrer teil. Am zweiten Weihnachtsfeiertag wurde die Gemeinde von der Kanzel herab zur Wohltätigkeit *gegen die armen Lehrer, die sich das ganze Jahr mit der rohen Jugend herumplagen müssten* ermahnt. Am Vormittag des dritten Feiertags versammelten sich um 11 Uhr die Lehrer in der Wohnung des Schulrektors und wurden dort nach alter Sitte mit einem Glase Wein und Christstollen bewirtet. Gleichzeitig fanden sich die als Choralisten bezeichneten Schüler im Zimmer der ersten Klasse im Erdgeschoss des Schulgebäudes ein und verspeisten dort den ihnen aufgetischten Kuchen bei einem Glase Bier. Als die Kirchturmuhr 12 schlug, begann der Umgang vor dem Rathause. Danach wurde vor der Kapelle und der Wohnung des General-Superintendenten gesungen, anschließend vor den übrigen Häusern der Stadt.[51]

Im anhaltischen Dessau wurde die Kurrende, *eine Bettelei feinerer Art*, vor 1650 eingeführt und erst 1810 aufgelöst. Der Präfekt und achtzehn Schüler reformierten Glaubens, die beim Kantor der Moritzkirche in die Schule gingen und vom Kantor der Schlosskirche Singunterricht erhielten, mussten sonntags den Gesang in beiden reformierten

Kirchen leiten und sangen in der Woche auf den Straßen der Stadt Lieder und Psalmen. Sie sangen im Gehen und sammelten dabei in Büchsen milde Gaben ein. Die Lebenslage der Menschen war im 18. und zu Beginn des 19. Jahrhunderts überaus hart. Viele hatten kaum genug zu essen, geschweige denn ausreichende Kleidung oder gar Süßigkeiten. Ihre Lage verbesserte sich in der zweiten Hälfte des 19. Jahrhunderts. Um 1900 zogen die Kinder des Fürstentums Anhalt zu Weihnachten und Neujahr mit einem Rumpeltopf genannten Brummbass oder Teufelsgeige herum und sammelten in den Häusern Süßigkeiten.

WEIHNACHTSUNFUG

Für Ruhe und Sicherheit der Bürger sorgten üblicherweise ein Türmer und ein Nachtwächter. In einer alten Chronik des Städtchens Schmiedeberg in der Dübener Heide heißt es, der Nachtwächter hatte jeden Tag zu Beginn und zum Abschluss seiner Tätigkeit ein der Jahreszeit entsprechendes Lied zu singen, z. B. zu Weihnachten ein Weihnachtslied. Sein Dienst begann um 22 Uhr und endete im Sommer um 4 Uhr und im Winter um 5 Uhr. Er zeigte die Nachtstunden durch kräftige Hornstöße und Abruf an: um 22 Uhr ein Hornstoß, um 23 Uhr zwei, um 24 Uhr drei usw. Vor seiner Anstellung hatte er vor versammeltem Rate eine Probe seiner musikalischen Fähigkeiten abzulegen.[52]

Das kleine Städtchen Wittenberg war im 16. Jahrhundert eine der bedeutendsten, wenn nicht zeitweise sogar die bedeutendste Universitätsstadt Deutschlands. Dazu war es zur Lutherzeit noch eine der wichtigsten kurfürstlich-sächsischen Residenzstädte und eine militärisch bedeutsame Festungsstadt. Hier lebten Studenten aus vielen Ländern Europas neben den Soldaten des Kurfürsten, den jungen Bürgern, ihrem Gesinde und den vielen Gästen, die kamen, Luther oder Melanchthon zu sehen. Die meisten Menschen in diesem eng besiedelten Städtchen waren mehr oder weniger gut betuchte junge Männer, die ernsthaft ihren Studien oder ihrer Arbeit nachgingen. Selbstverständlich nahm man schon damals alle Möglichkeiten von Freizeitvergnügungen war. Man konnte auf der Elbe Kahn fahren, im Fluss baden, auf den Wiesen Ball spielen. Es gab universitäre Reit-, Ring- und Fechtschulen. Zudem war es schon damals in allen Gesellschaftskreisen durchaus üblich, einen guten Trunk zu nehmen. Neben den vielen Kneipen in der Stadt bot die Universität in ihren Kellern Bier an. Fröhliches Studentenleben war also durchaus möglich.

Doch entstanden dabei gelegentlich mehr oder weniger schwere Auseinandersetzungen. Schon 1508 hatten der Universitätsrektor Christoph Scheurl und der Rat der Stadt Studenten und Bürgern das Tragen von Waffen in der Stadt verboten. Dennoch wurde im Oktober 1512 der Universitätsrektor Udalrich Erbar von einem schon aus der Stadt ausgewiesenen Studenten erstochen. Diesem spektakulären

Mord folgten noch viele weitere Händel, auch während der Feiertage. Am ersten Weihnachtsfeiertage 1537 kam es, vielleicht unter Alkoholeinfluss, im Streit um das Mädchen Lene zu einem Kampf zwischen Blasius Schlawigk und Kilian Gutewort. Am Ende lag Kilian erstochen am Boden. Blasius wurde als Mörder verurteilt und drei Wochen später auf dem Marktplatz vor dem Ratshause mit dem Schwert gerichtet. Das Mädchen musste die Stadt verlassen. Diese Art der Freizeitbelustigung ging natürlich nicht immer so schrecklich aus. Meist genügte es den Studenten, die Bürger durch nächtliches Lärmen und Singen aus dem Schlaf zu holen. Manchmal artete aber auch das in Übergriffe aus, wie 1570, als Studenten ausgerechnet während der Weihnachtsfeiertage nachts mit Waffen und Geschrei herumliefen und in den Gassen zum Entsetzen der Universitätsprofessoren und Bürger wieder einmal allerlei Unfug anrichteten und Krämerbuden und Häuser stürmten.

Alkoholmissbrauch war so üblich geworden, dass die Obrigkeit sich resignierend nur noch mühte, ihn etwas einzudämmen. So wurde bei einer Kirchenvisitation im Städtchen Elster festgestellt, die Bürger würden das *Festbier … beim Einschroten am Heiligen Abend so kosten, dass sie die ganzen Feiertage über nicht viel nüchtern werden.* Man gebot, dieses Saufen solle bis auf den dritten Feiertag abgeschafft werden.

Dabei waren Wittenberg und die Gemeinden im Kurkreise keine Orte, an denen es besonders schlimm getrieben wurde. Vor Weihnachten 1574 wurde in Berlin angewiesen, der Rat solle die bösen Buben, die in der Christnacht und Osternacht in den Kirchen Unsinn trieben, durch die Stadtdiener aus der Stadt heraus jagen oder in die Türme setzen lassen. Man beabsichtigte mit der Vertreibung beziehungsweise der Verhaftung der Übeltäter Zucht und Disziplin in den Kirchen zu erhalten. Die Gottesfürchtigen sollten in ihrem christlichen Gebete nicht gehindert noch sonst geärgert werden.[53]

1682 erließ der in streng lutherischer Tradition lebende Herzog Gustav Adolf von Mecklenburg ein Dekret gegen das Weihnachtsgehabe, *weil nun die Adventszeit und das darauf folgende Heilige Christfest herbei kommen, wo dem gemeinen Gebrauch nach, allerhand vermummte Personen unter dem Namen des Christkindleins, des hl. Nikolaus und Martin auf den Gassen umherlaufen, in die Häuser entweder willig gerufen werden, oder auch in dieselben eindringen, dergestalt, dass den Kindern vorgegaukelt wird, es wäre das Christkind, welches sie anzubeten gemahnt werden, Nikolaus und Martinus auch als Vertreter des Christkinds bei den Kindern erscheinen, auch sonst andere nichtige, unchristliche, mutwillige Dinge in Worten und Werken, vornehmen und treiben.* Dieses Brauchtum entspreche nicht dem evangelischen Glauben, sondern habe in dem abergläubischen und abgöttischen Papsttum und stockfinsteren Heidentum den Ursprung. Daraus entstünden *allerhand Üppigkeit* und werde *die rechte christliche Celebration der Heiligen Zeit verhindert.* Darum habe der Herzog beschlossen, *dass solche repraesentatio scandalosa mit allen beigefügten ärgerlichen Ceremonien gänzlich abgeschafft und durchaus bei Adel und Unadel (!) verboten sein soll.*[54]

Im Jahre 1680 erwähnte Konrektor Georg Grabow vom Gymnasium in Berlin-Cölln in seinem Buch *Danck-Opffer,* dass sich überall in den Städten, in Häusern und auf Gassen Groß und Klein, Alt und Jung für den heiligen Christ ausgäben. Dieser Spaß würde vom Volke geliebt und es vollführe *bei der finsteren Abendzeit* einen *Höllenlärm.* Der Höllenlärm wurde offenbar von einer Art Prozession verursacht, denn der Berliner Schulmeister fragte entsetzt nach der Wirkung solchen Tuns auf jüdische Mitbürger: *Was müssen sie denken von unserm Messias, wenn sie unsern heiligen Christ sehen und hören daher kommen, in Begleitung vieler Jungen und Mägde, mit Spießen und Stangen, mit vielen Schellen, mit großem Geschrei und Klatschen der Peitsche?*

DER TAG DER LICHTER, WEIL ALLENTHALBEN LICHTER IN DER NACHT ANGEZÜNDET WURDEN

Die Weihnachtszeit bezeichnet die dunkelsten Nächte des Jahres. Dunkle Mächte und Geister scheinen das Leben zu bedrohen und müssen abgewehrt werden. Neben Räucherungen mit getrockneten Kräutern hielt man Abwehrzauber mit frischem Grün, durch Lärm oder Licht im Volksglauben für gute Schutzmittel gegen böse Geister. Während der Gottesdienste brannten auf den Altären Kerzen. In einigen Kirchen hingen mit Kerzen bestückte Kronleuchter von den Decken. Luthers Freund, der Maler Lukas Cranach, hat das auf einem seiner Holzschnitte dargestellt. In den Stuben der Reichen, wie denen im Wittenberger Schloss, befanden sich teilweise reich verzierte und manchmal farbig angestrichene Kachelöfen und sogar Bienenwachskerzen. Doch die meisten Familien konnten sich die teuren Wachskerzen nicht leisten. Sie saßen am Herdfeuer, bei glimmenden Kienspänen, stinkenden Tonschalen, in denen man tierische Fette entzündet hatte, oder bei blakenden Ölfunzeln. Verließen sie das gewärmte Zimmer, waren sie den Unbilden des Winters völlig ausgeliefert. Wie mag da das strahlende Licht in den Kirchen auf sie gewirkt haben!

Basierend auf den alten Formen und Bräuchen gab es um 1700 einen Trend zu neuen, die seit der Mitte des 19. Jahrhunderts immer mehr heutigem Brauch ähnelten. Wachslichter auf speziellen Kronen, die am Heiligen Weihnachtsfest, am Neujahrstag und am Dreikönigstag brannten, erschienen erstmals im Jahre 1685 in der Abrechnung der Berliner Nikolaikirche. Brennende Lichterkronen hat man auch auf Stöcken durch die Straßen getragen. Von ihnen ging für die noch immer mit sehr vielen strohgedeckten Fachwerkhäusern bestandenen Städte und Dörfer eine große Brandgefahr aus. Darum ordnete König Friedrich I. von Preußen am 18. Dezember 1711 an: *weil mit den Lichterkronen auf dem Christabend viel Gaukelei, Kinderspiel und Tumult getrieben wird, befehlen wir Euch hiermit nicht allein solche Christ- und Lichterkronen gänzlich abzuschaffen, sondern auch die Christmessen nicht des Abends, sondern des Nachmittags um 3 Uhr zu halten.*

Offenbar hatte er damit gar keinen Erfolg, denn 1739 befahl der preußische König, die Kirchen wegen der *Christabend-Ahlfanzereien*, bei denen *die Leute mit Kronen, oder*

auch Masken vom Engel Gabriel, Knecht Ruprecht usw. ge-
gangen ... den Tag vor Weihnachten die sämtlichen Kirchen
des Nachmittags schließen zu lassen und keine Christabend-
und Christnachts-Predigten zu halten. Weihnachten ohne
Gottesdienste! Luther hätte andere Wege gefunden, den
Weihnachtsunfug zu bekämpfen.

Die Märker ließen jedoch von ihrem fröhlichen Weihnachts-
treiben nicht ab. Darum schritt Weihnachten 1783 die
preußische Militärbehörde gegen in die Christmette mit-
genommenen Lichter ein, zumal die Abschaffung der *läp-*
pischen und unanständigen Gebräuche bei der Christmesse
gewünscht werde, da man durch den Lärm den Prediger
nicht hören könne und der Gottesdienst am Tage zum
Spiel für die Kinder und einige gleichgesinnte alte Leute
geworden sei. Als auch das nicht half, wurde am 13. August 1784 verfügt, dass zur Vermeidung aller Unordnungen
und Gelegenheit zu Beschwerden die Christmesse hier
künftig um 14 Uhr beginnen solle, damit alles um 16 Uhr
beendet sei und so die wegen der Brandgefahr zur Be-
sorgnis gereichende Entzündung der kleinen Lichte weg-
fallen möge.

Am 16. Dezember 1790 wurde in Forst/Lausitz *auf landes-*
herrlichen höchsten Befehl zur Verhütung des bei den Christ-
metten eingerissenen Unfugs und der dabei vorgefallenen Un-
ordnungen, auch zu zweckmäßiger Beförderung besserer Andacht
und anständigen Feier der Geburtsnacht unseres teuersten Er-
lösers unter anderem verordnet,

- dass während des Gottesdienstes aller Tumult und Unfug
  mit angeputzten Tannenzweigen, sogenannten Hirtenhäu-
  sern, erleuchteten Pyramiden, Weltkugeln, Sternen, Schlan-
  gen, Fackeln und anderen dergleichen Gaukeleien und

Kinderspielen, wegen besorglicher Feuersgefahr, in der Kirche unterbleiben solle. ...

- *Dass zwar in Forst von dem Stadtpfeifer am heiligen Christtage früh um 4 Uhr, wie es hergebracht sei, auf dem Turm mit Trompeten und Pauken musiziert werden könne;*
- *doch aber ... das Singen vom Turme, es sei bisher durch Schüler oder andere Personen geschehen, gänzlich untersagt sein solle.*
- *Dass keine Zusammenkünfte in der Christnacht, besonders an den Bierhäusern und Schenken gestattet werden sollen.*[55]

Die heilgen 3 König' mit ihrem Stern,
Sie essen, sie trinken, u. bezahlen nicht gern.

Heilige Drei Könige, Holzstich von Ludwig Richter,
1845 in Nieritz' Volkskalender

PYRAMIDEN, PARADIESBÄUME, WEIHNACHTSMEYEN UND GABENTISCHE

Luther kannte mit kostbaren Kerzen erleuchtete Kirchen und die Sitte, böse Geister mit Hilfe von Licht zu vertreiben. Diese Sitten wurden aufgegriffen und weiterentwickelt. Neben den Lichterkronen auf den Straßen und in den Kirchen, ersten geschmückten Tannenzweigen und Hirtenhäusern entdeckten die Brandenburger *und einige angrenzende Landschaften* im 18. Jahrhundert die Weihnachtspyramide für sich. Sie fand weite Verbreitung. Adolf Spamer[56] hat eine frühe märkische Pyramide 1791 in Berlin nachgewiesen. Die märkische Pyramide ist heute in der Bevölkerung ganz vergessen. *Dennoch waren es auf dem Berliner Weihnachtsmarkt die Pyramidenverkäufer und Waldteufeljungen, die seit dem Ende des 18. Jahrhunderts in keiner Beschreibung und auf keiner bildlichen Darstellung fehlten und das ganze 19. Jahrhundert hindurch sozusagen als »Markenzeichen« des Berliner Weihnachtsmarktes galten. Die märkische Pyramide, »Perjamide« oder »Perchtemite«, wie die Berliner sagten, war im Unterschied zur kunstvolleren sächsischen ein einfaches mit Grün umwundenes Draht- und Holzgestell, das sich pyramidenförmig nach oben verjüngte und rundum mit Flitter versehen werden konnte. Sie diente in der häuslichen Weihnachtsfeier als Lichtträger, denn obwohl Weihnachtsbäume schon bekannt waren, hatten die Pyramiden den Vorteil, dass man sie über mehrere Jahre benutzen und vor allem die Lichter in unkomplizierter Weise auf ihnen befestigen konnte. Die Pyramiden gab es in schlichter wie in kunstgerechter Ausführung,*

*sie wurden in Heimarbeit hergestellt und vom Hersteller selbst
oder von einem Familienangehörigen verkauft.*[57]

> *Am Weihnachtsfeste hab' ick Ruh',*
> *von wegen meiner Ollen;*
> *Sie wäscht und plät't und spült dazu,*
> *und ick helf' manchmal rollen.*
> *Und kommt der Christmarkt erscht heran,*
> *gibt allgemenen Frieden;*
> *Sie macht Rosinenmänner dann,*
> *Un ick bau' Pergemiden.*

Viel bekannter als die märkischen sind heute die sächsischen
Weihnachtspyramiden. Ihre Grundlagen wurden möglicher-
weise von Bergleuten des Erzgebirges im 17. Jahrhundert
gelegt. Jedenfalls hat der Schneeberger Chronist und Pfarrer Christian Melzer schon 1716 in seiner Schrift *Renovata*
über die Weihnachtsfeier junger Bergleute geschrieben, die
ihre Grubenlampen in der berühmten St. Wolfgangkirche
zur festlichen Beleuchtung benutzten. Seiner Meinung
nach liebt die Jugend alles Leuchtende und hat früher
Pyramiden aus vielen Lichtern aufgebaut. Die Beleuchtung
sei sehr eindrucksvoll gewesen und habe schon damals
einen regen Besuch der Weihnachtsgottesdienste aus der
Umgebung zur Folge gehabt. Doch wurde sie verboten,
weil die frisch renovierte Kirche durch die brennenden
und rußenden Lampen schnell wieder verräuchert worden
wäre.[58] Um 1825 sollen in Hamburg Weihnachtspyramiden
noch immer viel beliebter gewesen sein als Weihnachtsbäume, deren Verkauf seit 1808 behördlich geregelt wurde,
um Schäden an den Wäldern gering zu halten.

Vom Himmel hoch,
da komm ich her,
Holzstich von
Ludwig Richter,
1855

Luther hatte sich gewünscht, dass die Kinder ihre Geschenke nicht von den Gabenbringern erhielten, sondern diese durch Schornsteine auf bereitgelegte Mäntel fallen sollten. An diese Idee erinnert ein neuer Brauch, den der Wittenberger Dozent Carl Gottfried Kießling 1737 in seiner Schrift *Von Christ Geschenken* beschrieben hat. Wir erfahren vom löblichen Gebaren einer Gutsbesitzerin in der Nähe seiner sächsischen Heimatstadt Zittau. Am Heiligen Abend stellte sie in ihren Gemächern so viele Bäumchen auf, wie sie Personen beschenken wollte. Aus deren Höhe, Schmuck und Reihenfolge in der Aufstellung konnte jeder Beschenkte erkennen, welcher Baum für ihn bestimmt war. Sobald die Geschenke verteilt und die Lichter auf den Bäumen und neben ihnen angezündet waren, traten die Ihren der Reihe nach in das Zimmer, betrachteten die Bescherung und ergriffen von dem für sie bestimmten Baume und den darunter bescherten Sachen Besitz. Zuletzt kamen auch die Knechte und Mägde in bester Ordnung herein und erhielten ihre Geschenke.[59]

Die Aufteilung der Geschenke auf Gabentischen verbreitete sich ebenfalls rasch. Friedrich Schleiermacher hat zu Anfang des 19. Jahrhunderts eine ganz schlichte Variante mit blühenden Blumen für Halle / Saale beschrieben und der Dichter Friedrich Wilhelm August Schmidt von Werneuchen 1795 eine Variante mit Verwendung von Pyramiden und Buchsbaum sowie einem Storch, als Symbol des Frühlings und der nun kürzer werdenden Nächte, in seinem Gedicht *Der Heilige Abend vor Weihnachten*:

Das Schneedach fegt des Sturmes Saus,
Die Ofenflammen zittern.
Die Kinder bleiben gern zu Haus
Und denken nicht ans Schlittern;
Denn sieh, der Abend graut,
Und Ruprecht kömmt und baut
Für jedes bald ein Tischchen auf
Und legt gar schöne Sachen drauf.

Im Nebenzimmer kramt er schon
Den Quersack aus und tuschelt,
Und horch, wie sacht er itzt davon
Entlang die Wände ruschelt!
Nun hebt der Jubel an,
Die Tür wird aufgetan:
Sieh da die Tischchen, weiß gedeckt,
Voll Kerzen, grün- und rotgefleckt.

Hinein stürmt Bub und Mägdlein flugs,
Zu sehn, was ihm beschieden:
Vor allem prangt von grünem Buchs
Ein Wäldchen Pyramiden
Mit goldnen Nüssen dran;
Hier nickt ein Sägemann,
Dort grünt ein Busch mit Lämmern drin,
Bewacht von Hund und Schäferin.

Nussknacker stehn mit dickem Kopf
Bei Jud' und Schornsteinfeger.
Hier hängt ein Schrank mit Kell' und Topf,
Dort hetzt den Hirsch der Jäger.

Hier ruft ein Kuckuck, horch!
Und dort spaziert ein Storch.
Mit Äpfeln prangt der Taxusbaum
Und blinkt von Gold- und Silberschaum.

Im 18. und beginnenden 19. Jahrhundert liebten die Menschen in Mitteldeutschland den fröhlichen Gebrauch von Lichterkronen auf Straßen, Plätzen und in Kirchen. Zu Hause schmückten besonders die Franken ihre Stuben noch mit weihnachtlich geschmückten blühenden Bäumen. In Thüringen, Sachsen und Brandenburg, ja selbst in Hamburg zogen Pyramiden der verschiedensten Formen in den Weihnachtsstuben und Kirchen ein. Pyramiden und Weihnachtsbäume konnten, zur Abwehr böser Geister und wegen Platznot, wie ehemals Zweige an den Holzbalken der Zimmerdecke hängen oder auf Tischen stehen. Daneben ordnete man Geschenke auf besonderen geschmückten Tischchen für jeden einzelnen zu Beschenkenden an. Gabentischchen und Pyramiden waren in allen Bevölkerungsschichten beliebt und langsam begann vor allem in Adels- und Dichterkreisen die Liebe zum Tannenbaum.

Im Weihnachtsbaum verbinden sich alte Sitten und Bräuche mit Luthers Vorstellung, das Christkind möge im Mittelpunkt der weihnachtlichen Gottesdienste und privaten Feiern stehen. Der grüne Baum ist ein Symbol ewigen Lebens, wie es der Heiland schenkt. Zugleich ist er ein Symbol für Christi Tod am Kreuz zur Erlösung aller Menschen. Das Licht der Weihnachtskerzen wehrt böse Geister ab. Die roten oder goldenen Kugeln symbolisieren den Apfel im Paradiese. Gleichzeitig erinnern sie an den Tag Adams und Evas, der am 24. Dezember als Hinweis dafür begangen wird, dass die Geburt des Christkinds den Weg zum Paradies weist. Bald wurden Bäume mit Engelchen geschmückt. Diese haben den Hirten zuerst die frohe Botschaft verkündet. Auch Schäfchen gehören zu den weihnachtlichen Symbolen. Luther hatte Geschenke als Mittel erkannt, die Freude über die Geburt des Christkindes zu erhöhen, und in ihnen Geschenke der Liebe gesehen. Besondere Formen der feierlichen Präsentation der Christgeschenke, wie der Weihnachtsbaum, hätten ihm sicherlich gefallen.

Kleine beleuchtete Weihnachtsbäumchen auf Gabentischchen, wie sie ihr in der Kindheit im Schloss zu Hannover bereitet wurden, hatten die 1652 geborene Liselotte von der Pfalz tief beeindruckt. Kurz nach ihrer Hochzeit mit Herzog Louis Philipp I. von Orléans versuchte sie vergebens, den schönen Brauch am französischen Hofe einzuführen. Der Tannenbaum erschien nicht nur den Franzosen lange Zeit als deutsche Erfindung.

Weihnachten 1734 wurde für die fünfjährige Prinzessin Sophie Auguste Friederike von Anhalt-Zerbst, spätere Zarin Katharina die Große von Russland, ein Weihnachtsbaum geschmückt. Laut Kammerrechnung erhielt der Zerbster Baumeister Johann Christoph Schütze sechs Taler, zwei Groschen und vier Pfennige *wegen Auszierung eines grünen Baumes am Weihnachtsabend.*[60]

Der 1740 im nassauischen Hilchenbach geborene Gelehrte Heinrich Jung-Stilling berichtete von den ärmlichen Verhältnissen in seiner Kindheit, doch sei er zu Weihnachten nach dem Erwachen mit einem hellerleuchteten Lebensbaum mit vergoldeten Nüssen, Schäfchen, Obst und Puppen beschenkt worden.

Ausgerechnet in einer Verfügung von König Friedrich II. von Preußen aus dem Jahre 1755, mit der er den Anbau und Verzehr von Kartoffeln fördern wollte, findet sich ein früher Hinweis auf den Gebrauch von geschmückten und noch unbeleuchteten Weihnachtsbäumen in den Stuben der Brandenburger.

Die Erdäpfel genießen hier die Menschen mit großem Appetit und richten selbige auf vielerlei Arten zu. Der gemeine Mann wird sie meistens gesotten mit Salz, teils mit, teils ohne Butter essen. Ja man pflegt solche unter das Brot zu backen. Ich könnte auch Exempel anführen, dass Leute etliche Wochen, ohne Brot zu haben, allein von Erdäpfeln gelebt und sich frisch und gesund dabei befunden haben. Sie nehmen auch keineswegs so viel Zeit, sie anzurichten, hinweg. Nun ist dieser Vorteil dabei, dass man solche vorerst aufsieden lässt, ehe man dieselben schält.

Als ein lächerlicher Nutzen der Erdäpfel wird beigefügt, dass in hiesigen Gegenden manche Leute um die Weihnachtszeit grüne Fichten in die Stuben bringen und selbige mit vergoldeten Erdäpfeln putzen lassen, um den Kindern eine Gestalt von Paradiesäpfeln vorzuspiegeln.[61]

Goethe traf bei seiner Ankunft in Weimar auf den hier schon geübten Brauch des Aufstellens von Weihnachtsbäumen, den er 1765 in Leipzig erstmals gesehen und 1774 im *Werther* beschrieben hat. Weihnachten 1775 ging der Dichter selbst ans Werk und schlug in den Schonungen von Belvedere eine Fichte. Da die herzogliche Forstordnung von 1775 als Strafe für das Schneiden von Tannengipfeln als *Christbäumchen* 5 Taler oder 14 Tage Gefängnis ansetzte, brachte ihm seine Arbeit als Holzfäller gleich zu Anfang seines Lebens im Herzogtum Sachsen-Weimar eine Anklage wegen Baumfrevels ein. So wie schon im 16. Jahrhundert

im Elsass, als die Bürger in die Wälder zogen, um Laub-
bäume zu fällen, machte diese neue Mode den Forstbeam-
ten nun in allen Wäldern größte Sorgen, in denen sich
Nadelholzbestände befanden. Schon 1790 (!) wurden in
Weimar 500 Weihnachtsbäume verkauft. Im Herzogtum
nahm der Diebstahl von Bäumen dennoch derart zu, dass
man 1799 das *Einbringen und den Verkauf* der in den Unter-
schichten so beliebten Christbäume im ganzen Lande bei
Androhung hoher Strafen untersagte. Da die Bürger sich
schwer beklagten, ihren Brauch hergeben zu müssen, wurde
dem Weimarer Bürgertum gestattet, sich *bei der bevorstehenden Weihnachtszeit mit dieser ihm so angenehmen Ware zu
versehen.* Diese Anordnung wurde jährlich bis 1803 wiederholt. 1817 wurden die Bäumchen erstmals auf der Weimarer
Ratswaage verkauft.

In Berlin und Dresden fand der Weihnachtsbaum seit
1806 weite Verbreitung. So wie bei der Pyramide zeigte
auch der Weihnachtsbaum die materiellen Lebensum-
stände und die Erfindungsgabe der Menschen. Von den
vergoldeten Kartoffeln der Brandenburger war schon die
Rede. An die Bäume gelangten aber auch Äpfel und Pfefferkuchen. Da im Brandenburgischen mehr Kiefern als
Fichten wuchsen, schien die Kiefer zeitweise beliebter als
die Fichte. Theodor Fontane hat 1878 in seinem Roman
Vor dem Sturmwind eine Gaststube in der Mark am Heiligen Abend 1812 beschrieben: *Drinnen war alles leer und
dunkel; hinter dem Schenktisch aber, wo drei Stufen zu
einem höher gelegenen Alkoven führten, blitzte der Christbaum von Lichtern und goldenen Ketten. In diesem Weih-
nachtsbilde, das der enge Türrahmen einfasste, stand die
Krügersfrau in Mieder und rotem Friesrock und hatte einen*

Blondschopf auf dem Arme, der nach den Lichtern des Baumes langte.

Schon ein Jahr nach diesem idyllischen Weihnachtsfest war der Sturmwind der Befreiungskriege über Mitteldeutschland hereingebrochen. Holz wurde noch knapper als je zuvor. König Friedrich August von Sachsen erließ am 13. Juli 1813 ein *Mandat, Die Wald-Neben-Nutzungen und die in den Waldungen Auszuübende Befugnisse betreffend* – wovon wir eine Seite aus einer jüngeren Abschrift des Rittergutsbesitzers Hanns August Fürchtegott von Globig (bei Wittenberg, das damals noch zum Kurfürstentum Sachsen gehörte) zeigen.

Mandat 1813

Abschrift der abgebildeten Handschrift:

§ 35: Das Abhauen der Mayen, es geschehe, um Kirchen, Häuser und freie Plätze damit zu zieren oder zu anderem Behufe, zur Pfingstzeit oder sonst, ingleichen das Abhauen junger Tannen, Fichten und Kiefern zur Weihnachts- oder anderer Zeit wird schlechterdings untersagt.

Findet dieses Abhauen in einem fremden Holze statt, so soll dies gleich dem Holzdiebstahl bestraft werden; geschieht es aber in eigenem Holze, so ist für jede abgehauene Maye, junge Tanne, Fichte, Kiefer oder dergleichen, eine Geldbuße von Zwanzig Groschen zu erlegen, oder bei eintretendem Unvermögen verhältnißmäßige Gefängnißstrafe zu verbüßen.

Mit gleicher Strafe ist ein Jeder zu belegen, welcher dergleichen Mayen und Reiser in, oder vor seine Wohnung setzt oder setzen lässt.

Es sollen dergleichen Mayen und Reiser in die Städte nicht eingelassen, vielmehr an den Thoren und Schlägen sofort weggenommen, auch diejenigen, welche solche haben einbringen wollen, ihrer Obrigkeit zur Bestrafung angezeigt werden.

In Dörfern und Flecken haben die Gerichtspersonen auf die genaue Beobachtung dieses Verbots sorgfältige Aufsicht zu führen.

Ähnliche Edikte sind auch in anderen deutschen Ländern nachweisbar. Dabei hatten die Landesherrschaften und Forstbesitzer oftmals mehr ihren Gewinn durch den Holzverkauf im Auge als den Schutz des Waldes. Naturschutz kämpfte schon immer mit wirtschaftlichen Interessen, war und ist kein Selbstzweck, sondern wurde schon immer besonders dann betrieben, wenn es ökonomische Gründe dafür gab. Während der Befreiungskriege war es den

Bürgern für kurze Zeit unmöglich, Weihnachtsbäume aufzustellen. Immerhin blieben ihnen die Pyramiden.

Um 1820 wurden Stearin und 1830 das billige Paraffin und der gedrehte Docht erfunden. Erst jetzt konnten auch weniger bemittelte Familien zur Beleuchtung Kerzen einsetzen. Diese Kerzen gelangten nach dem Vorbild von Kirchenleuchtern und Lichtkronen schnell auf Weihnachtsbäume, Weihnachtspyramiden und auf hängende Leuchter. Die neuen Leuchter wurden aber auch gerne mit Rüböllämpchen besetzt. Diese Ersatzformen waren besonders in der Zeit des Biedermeiers verbreitet. Am beliebtesten blieben jedoch die Vierstabpyramiden, die meist in stehender, aber auch in hängender Variante überall zu finden waren.

Da die Pyramiden bis heute besonders in sächsischen waldreichen Gegenden beliebt sind, kann man wohl davon ausgehen, dass sie aus anderen Gründen bevorzugt wurden als dem Preis des teuren Weihnachtsbaumes. Pyramiden wurden lange Zeit überall gebaut. Vielleicht überlebte die sächsische Weihnachtspyramide wegen der bergbaulichen Tradition des Landes. Bergleute, die so stark der Dunkelheit ausgesetzt sind, haben offenbar eine besondere Beziehung zum Licht. Diese zeigen sie in ihren Pyramiden, Schwibbögen und Weihnachtsengeln.

Die Verbreitung der Weihnachtsbäume brachte etliche logistische Probleme mit sich. Um 1800 begann man, auch gegen den Widerstand bekannter Forstleute, mit der Anlage großer Monokulturen von Fichten. Doch damit nicht genug. Die Bäume mussten aus den Wäldern in die großen Städte transportiert werden. Das große Geschäft mit Weihnachtsbäumen entwickelte sich erst mit dem Ausbau der Eisenbahnen, die billige Transporte großer Mengen über weite Strecken ermöglichten. So blühte zum Beispiel Friedrichsbrunn im Harz auf und lieferte die Bäume für Berlin. Um 1900 stammte beinahe die Hälfte aller deutschen Weihnachtsbaumhändler aus dem aufstrebenden kleinen Ort.

Nach 1860 begannen die Produktion und der Verkauf von Christbaumschmuck aus Glas und auch hier fanden sich viele christliche Motive: Trompeten, Glocken, Engelchen.

VOM WEIHNACHTSFEST IM BIEDERMEIER – EINE BILDFOLGE

In Vorbereitung dieses Büchleins stellte Dr. Gerhard Seib die folgenden kolorierten Kupferstiche zur Verfügung und gab die Erlaubnis, sie in diesem Büchlein abdrucken zu dürfen. Ein wunderbarer Fund! Herzlichen Dank dem freundlichen Geber. Weder ihm als gestandenem Kenner der Volkskunde noch mir gelang bisher ein Nachweis der Herkunft dieser offenbar sehr seltenen Blätter. Vorhanden sind sieben von wahrscheinlich zehn oder zwölf Kupferstichen zu einem Weihnachtsbüchlein.

Unsere Folge beginnt mit **Bild 3**, dem Auftreten eines Heiligen Nikolauses in einer wohlhabenden Familie. Der Mann trägt einen roten, mit Pelz verbrämten Mantel und

Stiefel. Auf dem Kopf hat er eine mit einem Fähnchen ge-schmückte Krone, die an mittelalterliche Ketzerkronen erinnert. Obwohl er einen großen Sack mit Geschenken bei sich hat, erschrecken die kleineren Kinder vor seiner hässlichen Maske und der Rute in seiner Hand und su-chen bei ihren Eltern Trost und Schutz. Nur ein größerer Knabe tritt dem Heiligen mutig entgegen. Weit hat man sich von den Weihnachtsgeschenken im lutherischen Sinne entfernt, die die Freude der liebevoll beschenkten Kinder über die Geburt des Christkindes verstärken sol-len. Mantel und Maske des Gabenbringers erinnern stark an den Weihnachtsmann. Womöglich haben wir hier eine seiner ältesten grafischen Darstellungen.

In **Bild 4** hat der große Knabe erstaunlicherweise die Krone des Nikolaus in der Hand, ein jüngerer Bruder die Maske. Die Kleinen haben sich seines Sackes bemächtigt und fin-den darin einen Apfel und ein Kartenspiel. Der Heilige hat sich zum liebevollen Freund der Kinder gewandelt, der sie nun mit seinen Armen umschließt.

Bild 5 zeigt dagegen die Not der armen Kinder. Ein Junge und ein Mädchen stehen vor dem Haus der reichen Fami-lie. Sie haben keine ordentliche warme Kleidung und schützen sich durch Kinnbinden vor der Kälte. Ob sie wohl so gekleidet in den Weihnachtsgottesdienst gehen dürften? Im Fürstentum Anhalt ließ Landesvater Franz um 1770 extra für die Armen Gottesdienste in den Arbeits-häusern abhalten und begründete das damit, dass die Armen sich ihrer dürftigen Kleidung schämten.[62] Die grö-ßeren Geschwister der wohlhabenden Familie reichen den beiden armen Kindern durch das geöffnete Fenster ein kleines Almosen. Sie folgen damit der langen Tradition der Spenden für Bedürftige in der Weihnachtszeit.

Bild 6 zeigt wieder die wohlhabende Familie. Es ist die Zeit der Bescherung. Neben kleinen Gabentischen steht ein großer Tisch. Überall brennen Kerzen. Im Mittelpunkt steht eine große, leuchtende Stabpyramide. Neben ihr liegen Geschenke: Kleidungsstücke und ein Reiter. Die Geschenke auf den kleinen Gabentischen und ein Korb im Vordergrund sind mit weißen Tüchern bedeckt, so dass die Überraschung und Freude der ins Zimmer kommenden Kinder sich noch steigern wird.

Bild 8 zeigt wieder die Weihnachtsstube. Inzwischen sind die Geschenke ausgepackt und die glückstrahlenden Kinder halten sie in die Höhe: den Reiter, ein Gewehr, ein Buch, ein Püppchen, einen kleinen Hund aus dem nun aufgedeckten Korb im Bildvordergrund, ein Fernrohr – wertvolle Gaben eines gehobenen Bürgertums.

Bild 9 zeigt den Kirchgang nach der Bescherung. Die Geistlichen tragen noch ihre Perücken. Zwei Männer halten Laternen in Händen, um den Weg zu erleuchten. Offenbar lieben die Männer Dreispitze und wärmen ihre Hände in großen Muffen aus Pelzwerk. Einer von ihnen ist der Mann im roten Mantel, der den Nikolaus gespielt hat.

Bild 10 zeigt die Weihnachtsstube armer Leute. Auf dem Tisch stehen zwei Rüböllämpchen. Im Fenster spiegelt sich die leuchtende Pyramide der wohlhabenden Familie. Die armen Eltern reichen ihren beiden nach Hause kommenden Kindern und einer kleinen Tochter ein paar Früchte, vielleicht grüne Äpfel. Mehr haben sie nicht.

Bild 3

KAPITEL 4
WEIHNACHTEN MIT LUTHER
UNTERM LICHTERBAUM

DER LUTHERHOF, EIN RETTUNGSHAUS
FÜR HEIMATLOSE JUNGEN

Die Verbreitung des hell erleuchteten Weihnachtsbaumes seit dem 18. Jahrhundert durch Dichter und den höheren und hohen Adel wurde häufig beschrieben. So nimmt es nicht Wunder, dass gerade das Literaturzentrum Weimar einer der Orte war, von denen aus besonders viel Lob für den Baum gezollt wurde. Wir hatten gesehen, der Brauch war hier schon angekommen, bevor Goethe und Schiller eintrafen und ihn liebevoll aufnahmen. Aber auch die Nachbarn der Dichterfürsten liebten den Lichterbaum und einige von ihnen beteiligten sich daran, ihn nun auch in das religiöse Brauchtum zu übernehmen.

In Goethes *Werther* beschreibt der junge Mann das Vergnügen, das die Kinder bei der Bescherung haben würden, und den Moment, als die Tür sich öffnete und ein mit Wachslichtern, Zuckerwerk und Äpfeln aufgeputzter Weihnachtsbaum sie in paradiesisches Entzücken versetzte. Hier verband Goethe die Weihnachtsbescherung mit alten christlichen Motiven: Das Öffnen der Tür ist ein Symbol für die Religion, aber auch für die Offenbarung. Mit dem Lichterglanz verbindet sich das Erscheinen der Engel. Paradiesbaum und Paradiesäpfel weisen auf die Menschwerdung, und alles zusammen versetzt Menschen in festliche Hochstimmung.

Auf dem Hamburger Weihnachtsmarkt bot 1814 ein Italiener *Wachsengel von rührender Schönheit* an – überall wurde der Weihnachtsbaum nun verchristlicht. Bald wurden goldgedruckte Schriftbänder mit dem Lobgesang der Engel *Ehre sei Gott in der Höhe* modern und es prangte ein silberner Stern auf der Baumspitze. Selbst Spielzeug zeigte christliche Motive. Die Kirche nahm nun den zum Weihnachtsbaum verwandelten *Paradiesbaum* gerne auf und entwickelte seine Verchristlichung weiter. Christliche Kirche und christliche Schule trugen ihn am Ende in jede deutsche Wohnstube, Zwölftenspuk und Abwehrzauber gerieten in Vergessenheit.

Anfangs kaum beachtet von den Zeitgenossen kam es in Thüringen zu einer Renaissance der Lutherverehrung. Sie brachte auf ihrem Höhepunkt den Reformator mit dem immer moderner werdenden Weihnachtsbaum in einen bis heute überall bekannten Zusammenhang. 1798 hatte sich in Weimar der junge Privatgelehrte Johannes Daniel Falk[63] niedergelassen. Er erlebte in diesem aufblühenden Literaturzentrum den Eroberungsfeldzug Napoleons und

Frommes Spielzeug

die Folgen für die Menschen. Durch den Dichter Christian Martin Wieland empfohlen, erhielt der junge Mann während der französischen Besatzungszeit eine Anstellung in einer französischen Behörde und entfaltete dort zu Gunsten des Herzogtums Sachsen-Weimar eine so segensreiche Tätigkeit, dass der Großherzog ihm die Würde eines Legationsrates verlieh und ein Jahresgehalt aussetzte. Die erneute Besetzung durch die Franzosen brachte den Menschen wieder harte Zeiten. Auch Falk verlor erst vier seiner Kinder durch Typhus und später noch zwei weitere Kinder. Die Not der Kinder in diesen schlimmen Zeiten erschien Falk, der selbst nur mit Hilfe von Stipendien hatte lernen und studieren können, gewichtig genug, sich im Herzogtum der Kriegswaisen und verwilderten Kinder anzunehmen. Viele von ihnen klopften an die Tür des *gütigen Herrn Rat*, wie Falk in Stadt und Land genannt wurde, und keines von ihnen hat er weggeschickt. Nach dem Vorbild Martin Luthers und dessen Frau Katharina nahmen auch er und seine Frau bedürftige Kinder auf als *unverwelkliche Himmelsblumen, auf das Grab unserer Lieblinge gepflanzt.* Dafür setzte das Ehepaar alle ihm zur Verfügung stehenden finanziellen Mittel ein. Unter Falks Federführung entstand nun die *Gesellschaft der Freunde in Noth*, deren Zweck es war, die Kinder zu schützen und zu tüchtigen und nützlichen Bürgern zu erziehen. Auch hier folgte er eigentlich dem Gedankengut Martin Luthers, das dieser schon 1524 in seiner Schrift *An die Ratsherren deutschen Lands, dass sie christliche Schulen aufrichten und halten sollen* vorgestellt hatte. Doch die Zeiten hatten sich seit der Reformation natürlich verändert. Inzwischen war man üblicherweise der Auffassung, bedürftige Kinder sollten für die Kosten ihrer Erziehung selbst aufkommen. Kinderarbeit war gang und gäbe. Dagegen vertraten der Herr Rat Falk und seine Frau die Meinung, man dürfe die Kinder nicht um eine frohe und glückliche Jugend bringen. Er versuchte, die Kinder bei rechtschaffenen Leuten unterzubringen, die Mädchen als Dienstmädchen und die Jungen als Gesellen verschiedener Meister. Einige von ihnen konnte er zum Bau eines Bet- und Schulhauses in Weimar gewinnen, der im April 1823 begann. So entstand der berühmte *Lutherhof* als Rettungshaus für durch den Krieg heimatlos gewordene Jungen. Von Falks Wirken wiederum hörte ein junger Geistlicher und Schulmann in Erfurt namens Reinthaler.

Im Gegensatz zu Johannes Falk wurde Karl Christian Wilhelm Reinthaler[64] als einziges Kind eines wohlhabenden Erfurter Kaufmanns geboren und von seinen Eltern von Anfang an für eine geistliche Laufbahn vorgesehen. Der Sohn wurde Schüler des Ratsgymnasiums im Augustinerkloster, just jenes Klosters, in das Luther etwa 300 Jahre zuvor eingetreten war. Während seines anschließenden Studiums betraute ihn sein Vater mit Handelsgeschäften auf der Leipziger Messe. Reinthaler zeichnete sich also nicht nur durch geistige Studien aus, sondern besaß gute Kenntnisse in der Geschäftswelt, im Business, wie wir heute sagen. Außerdem war er ein Liebhaber der Künste, ging, wie seine Zeitgenossen, gerne ins Theater und besaß sogar eine Kupferstichsammlung. Es war also ein Mann mit weit gefächerten Interessen, der 1818 nach Weimar reiste und Johannes Falk und dessen Lutherhof aufsuchte. Zwischen beiden Männern entstand schnell eine enge Freundschaft. Falks Wirken in Weimar regte Reinthaler an, auch im preußischen Erfurt eine *Gesellschaft der Freunde in Noth* zu gründen und sich ebenfalls der Erziehung notleidender Kinder anzunehmen. Reinthaler hatte durch seinen Vater gute Beziehungen zur sogenannten besseren Gesellschaft. So gelang es ihm, in einem Flügel des Augustinerklosters das erste Rettungshaus Preußens zu gründen. Der Geburtstag Martin Luthers am 10. November 1821 war ihm gerade recht, die Erfurter Bürgermeisterstochter Dorothea Duft zu heiraten und am Vormittag seines Hochzeitstages im Beisein des Freundes Johannes Falk das *Martinsstift* einzuweihen. Von zwei Söhnen wissen wir von der klösterlichen Strenge, in der seine Kinder aufwuchsen. Oberste Tugenden waren Fleiß und Disziplin. Der Schulmann meinte, ein *ordentlicher Junge solle lieber einmal eine Dummheit machen als eine Viertelstunde lang Maulaffen feilhalten.* Das Auswendiglernen von Bibelversen und des Katechismus waren die wichtigsten Lerninhalte, denn die christliche Erziehung galt ihm, wie seinem Freund Falk, als Grundlage zur Bildung einer tatkräftigen Generation. Unter großem Einsatz auch aller eigenen finanziellen Mittel gelang es Johannes Falk in Weimar, den Bau seines Bet- und Schulhauses voranzutreiben. Zum Jubelfest von Großherzog Karl August am 3. September 1825 war es endlich so weit, dass man die Einweihung feiern konnte. Über der Tür des Lutherhofs brachte man eine Inschrift an: *Nach den Schlachten von Jena, Lützen und Leipzig erbauten die Freunde in der Not durch 200 gerettete Knaben dieses Haus, dem Herrn zu einem ewigen Dankaltar.* Der Schulmann hat diesen Freudentag mit letzter Kraft erlebt. Wenige Tage später fiel er aufs Krankenlager und starb am 14. Februar 1826. Zurück blieben seine mittellosen

Kinder, für deren Unterhalt der getreue Freund Reinthaler
Falks wenige Tage vor seinem Tode fertiggestelltes Buch
Dr. Martin Luther und die Reformation in Volksliedern heraus-
gab. In diesem Buch wurde zum zweiten Male ein Lied ab-
gedruckt, das Falk und seine Frau mit ihren Schützlingen
Weihnachten 1816 gesungen hatten und dessen Text erstmals im am 30. Januar 1817 abgeschlossenen *Zweiten
Bericht* seiner *Gesellschaft der Freunde in der Noth* veröf-
fentlicht worden war:

> *O du fröhliche, o du selige,*
> *Gnaden bringende Weihnachtszeit!*
> *Welt ging verloren, Christ ist geboren:*
> *Freue, freue dich, o Christenheit!*
>
> *O du fröhliche, o du selige,*
> *Gnaden bringende Osterzeit!*
> *Welt lag in Banden, Christ ist erstanden:*
> *Freue, freue dich, o Christenheit!*
>
> *O du fröhliche, o du selige,*
> *Gnaden bringende Pfingstenzeit!*
> *Christ unser Meister, heiligt die Geister:*
> *Freue, freue dich, o Christenheit!*

Falks Tod ließ den Freund nicht verzagen. Reinthaler gelang es unter weit besseren wirtschaftlichen Verhältnissen,
sein Martinsstift weiterzuführen. Noch im Todesjahr des
Freundes ließ er für den Andachtssaal von dem Breslauer
Bildhauer Karl Hettler drei Büsten herstellen – den Reformator und Begründer des evangelischen Schulwesens

Martin Luther und die beiden Erneuerer der christlichen Volkserziehung August Hermann Francke und Johannes Daniel Falck. Nebenher bildete der Bildhauer im Auftrage des wirtschaftlich denkenden Schulleiters gleich noch zwei der Zöglinge des Stiftes in seinem Handwerk aus. Am 7. Juli 1827 berichtete darüber die Allgemeine Kirchenzeitung und verwies nebenher auf den größten Erfolg des Stiftes – in den sieben Jahren seines Wirkens wurden 480 Zöglinge aufgenommen und nach Luthers Kernspruch *Tüchtig gebetet ist halb gearbeitet* erzogen. Von den 360 der abgegangenen Zöglinge haben nur zehn den Übergang in ein normales bürgerliches Leben nicht geschafft. Die übrigen sind *als Schullehrer, Handwerksgesellen und Dienstmägde in das selbständige Leben eingetreten.*

LUTHER IM KREISE SEINER FAMILIE –
DIE BILDLICHE DARSTELLUNG
DER »DEUTSCHEN WEIHNACHT«

Karl Reinthaler und seine Frau Dorothea haben jedes Jahr zum Weihnachtsfest für ihre eigenen Kinder und die Zöglinge des Stiftes im Lutherischen Sinne eine Feier abgehalten und dabei sowohl das Christkind als Geschenk Gottes in den Mittelpunkt gestellt als auch die Erinnerung daran, dass Luther mit seiner Feier in der Familie die Grundlagen dieses Weihnachtsfestes gelegt hatte. Zum *22. Gemeinsamen Weihnachtsfest des Martinsstiftes* gab der wirtschaftlich denkende Reinthaler ein Büchlein heraus, das in der Kulturgeschichte einen ganz besonderen Platz einnehmen sollte. Es heißt *Adam und Christus oder der Christbaum in M. Luthers Kinderstube* und erschien seit 1843 im Verlage des Erfurter Martinsstiftes in mindestens vier Auflagen. Das Büchlein wurde durch einen Stahlstich des Weimarer Kupferstechers Schwerdtgeburth berühmt, der Luther und seine Familie in ihrer Wohnstube unter dem Christbaum darstellt,[65] *damit Ihr Euch da den Mann Gottes in seinem nächsten Kreise recht vorstellen möget, so könnt Ihr ihn auch auf dem Bilde sehen, das vor dem Titel steht. So sah die Stube aus, wie sie noch heute erhalten ist, in welcher er zwanzig Jahre lang die stillen Freuden einer gesegneten Ehe genossen hat.* In der Vorrede des Autors ist noch keine Rede vom Weihnachtsbaum. Erst im *dritten Weihnachtsgespräch* weist die am warmen Ofen sitzende Muhme Lene auf ihn hin: *Schaut nur an unsere geschmückte Stube, den herrlichen Baum mit seinen*

vielen Lichtern und niedlichen Sachen! Leben wir nicht jetzt schon auf unserer armen Erde im Paradiese? Und wie wird's erst sein, wenn einst unser Glaube in Schauen verwandelt wird, und wir das ewige Weihnachtsfest mit allen Engeln feiern droben im Himmel! Dann werden Weihnachtslieder gesungen und Luthers Sohn Martin erzählt, was den Hirten auf dem Felde verkündigt wurde. Danach berichtet der jüngste Sohn Paul von dem, was sie in der Krippe vorgefunden haben. Dann wird im Gespräch der Baum bewundert und festgestellt, dass die Bäume im himmlischen Garten noch viel größer und prächtiger seien als der ihre. Doch die Früchte ihres Baumes seien alle aus Gold und Lichter brennen auf keinem Baum im Garten! Überall hängen kleine Engel an den Zweigen. Der Erzengel hat ein Kreuz in Händen, als Panier unseres Glaubens und Siegeszeichen im Kampf mit dem Teufel. Ein Posaunenengel ruft: *Mach Dich auf und werde Licht!* Und da antwortet der anwesende Melanchthon: *So glaubet nun an das Licht, dieweil ihr es habt, auf dass ihr des Lichtes Kinder seid. Denn so wir im Lichte wandeln, wie er im Lichte ist, so haben wir Gemeinschaft unter einander ...*
Reinthalers *Kindergespräche* wurden in der Folge schnell vergessen, nicht aber Schwerdtgeburths Stahlstich im Vorsatz des Büchleins. Der wurde zum allseits bekannten Weihnachtsbild, das man in vielen Varianten jahrzehntelang immer wieder neu aufgelegt und verkauft hat. Der Weimarer Kupferstecher begann im Angesicht dieses Erfolges seines Stahlstichs mit der Herstellung eines Zyklus über Luthers Leben, der am Ende sieben Grafiken enthielt und für viele Künstler zum Vorbild geworden ist. Für seinen Luther-Zyklus ist Schwerdtgeburth berühmt geworden und die erste dieser Grafiken, die er im Auftrage Reinthalers

Luthers Familie unter dem Christbaum, Stahlstich von Schwerdtgeburth 1843

1843 geschaffen hat, trug maßgeblich zum großen Erfolg und zur Verbreitung des Christbaumes bei und wurde die Ursache des weit verbreiteten Glaubens, Luther habe den Weihnachtsbaum eingeführt.

Der Luther-Zyklus Schwerdtgeburths wurde von dem aus Coburg stammenden Maler Gustav König zum Anlass für einen noch größeren Zyklus zum Leben des Reformators genommen. Auch er wählte das Weihnachtsthema, um Luther als evangelischen Familienvater darzustellen. Auch diese Grafik wurde in vielen Varianten unter dem Namen ihres Künstlers immer wieder und noch lange Zeit abgebildet. Gustav König starb, gerade 61 Jahre alt, im April 1869 in Erlangen.

Luthers Weihnachten, Stahlstich von Gustav König

Im Jahre 1853 hat auch die Diakonissen-Anstalt von Kaisers-
werth eine Variante von diesem inzwischen weit bekannten
Holzschnitt herausgegeben, die ebenfalls *Luther im Kreise
seiner Familie am Christfest* darstellt.

Die Autorin darf auf einen interessanten Fund hinweisen,
den Anton Hieke, Bibliothekar der Stiftung Leucorea, gemacht und dankenswerterweise zur Verfügung gestellt hat.
Er entdeckte in einem 1861 in Columbus / Ohio erschiene-
nen Buch von Robert Sears[66] einen überraschend frühen

Nachschnitt von Schwerdtgeburths Darstellung des Weihnachtsbaumes und des deutschen Weihnachtsfestes für das interessierte amerikanische Publikum.

Das Christfest in Deutschland: In Deutschland herrscht vor allem der Brauch vor, zum Christfest in jedem Haushalt einen kleinen immergrünen Baum aufzustellen. Nachdem seine Zweige mit verschiedenen Geschenken für die Kinder bedeckt wurden, werden viele kleine Lampen oder Laternen an alle Teile des Baumes gehängt, um ihn so der versammelten Familie vorzuführen. Weil die Geschenke mit den Namen des Beschenkenden sowie des Beschenkten beschriftet sind, ruft der Anlass allgemeines Interesse hervor; und man kann sehen, dass die Deutschen im Allgemeinen mit großer Freude an diesem jährlichen Brauch teilnehmen. Es ist nicht ungewöhnlich, Beispiele dafür zu finden, dass dieser Brauch in diesem Land (USA) befolgt wird, sei es durch Deutsche oder ihre Nachahmer.[67]

Die Deutschen wählten meist eine Silbertanne als Christbaum aus, weil diese Tannenart sich durch die große Anzahl und Gleichförmigkeit ihrer Äste und Zweige auszeichne. Der Anblick des Baumes sei meist eindrucksvoll und schön. Der dunkle Hintergrund des Immergrüns und die brennenden Lichter höben die farbig verpackten kleinen Gaben hervor. Die schillernd bunt eingepackten Geschenke hätten einen tollen Effekt auf die Betrachter und vermittelten eine Atmosphäre der Großzügigkeit und Dankbarkeit, wie sie nur in einem glücklichen Familienkreis entstehen kann. Zudem ließe dieses Staunen und Danken den Anlass des Festes, die Geburt Christi, als doppelt freudig erscheinen. Man kenne den Ursprung des Weihnachtsbaumes nicht, doch fuße er auf Bräuche ohne christlichen Bezug. Es wäre wohl besser gewesen, man würde den Geist beim

Christfest noch stärker auf den Erlöser lenken. Doch könne man das beigefügte Bild von *Luther und seiner Familie mit ihrem Christbaum nicht ansehen, ohne eindrucksvolle Erinnerungen an ihn und die seltsame Zeit, in der er lebte, zu haben.* Deutsche Auswanderer haben in den Staaten den Brauch, einen Weihnachtsbaum aufzustellen, offenbar schon um 1860 gepflegt. Auch die Darstellung Luthers unter dem Weihnachtsbaum war dort um diese Zeit so weit verbreitet, dass andere Amerikaner meinten, der Baum sei seit Luther in jeder deutschen Weihnachtsstube zu finden. Diese Ansicht wurde in den Staaten bereits zehn Jahre vor dem Deutsch-Französischen Krieg vertreten. Sie widerspricht der Legende, wonach der Weihnachtsbaum erst in die deutschen Familien gelangte, nachdem zu Weihnachten 1870 in allen preußischen Schützengräben erleuchtete Tannenbäume auftauchten und in den folgenden Jahren durch die überlebenden Soldaten im deutschen Volk verbreitet worden sind. Wir widersprechen dieser Darstellung und weisen gerne auf den friedlichen Einzug von *Luthers Weihnachten* in unseren Festbrauch hin.

Weihnachten in Deutschland, Holzschnitt, Ohio 1861

ANMERKUNGEN

1 Georg von Gynz-Rekowski, Der Festkreis des Jahres, Berlin, Union Verlag, 2., veränderte Auflage 1985, S. 220

2 Handwörterbuch des deutschen Aberglaubens, hrsg. v. Hanns Bächtold-Stäubli unter Mitwirkung von Eduard Hoffmann-Krayer, Band 2, Berlin und New York, Verlag Walter de Gruyter 1987, Sp. 1027

3 Georg Buchwald, Volkskundliches bei Luther, Köln, Hermann Schaffstein-Verlag 1936, S. 48

4 F. H. Albers, Das Jahr und seine Feste. Die Feste und Feiertage des Jahres, ihre Entstehung, Entwicklung und Bedeutung in Geschichte, Sage, Sitte und Gebrauch dargestellt, Stuttgart, Verlag Julius E.G. Wegner 1917, 3. Auflage, S. 295

5 Rudolf Reichardt, Die deutschen Feste in Sitte und Brauch, Jena, Verlag Hermann Costenoble, 2. Auflage, 1911

6 Paul Quensel, Thüringer Sagen. Mit einer Einleitung von Leander Petzoldt, München, Eugen Diederichs Verlag 1991

7 RGG. Die Religion in Geschichte und Gegenwart. Handwörterbuch in gemeinverständlicher Darstellung, Band 2, Tübingen, Verlag J.C.B. Mohr (Paul Siebeck) 1910, S. 835

8 Lenelies Pause, Vom königlichen Kindlein. Geschichten um den Christstollen. Geboren im 14. Jahrhundert. Beschrieben im 20. Jahrhundert, Hamburg, Adam Reitze Verlag, 4. Auflage 1954

9   Erika Kohler, Martin Luther und der Festbrauch. Aus dem Nach-
    laß hrsg. von der Württembergischen Landesstelle für Volks-
    kunde Stuttgart, Mitteldeutsche Forschungen, Band 17, Köln
    und Graz, Böhlau Verlag 1959, S. 61

10 Franz Bentler, Mittelalterliche Kunstwerke in den Dorfkirchen
    der Prignitz, Pritzwalk, Verlag Albert Koch 1996, S. 95

11 Karl Meisen, Nikolauskult und Nikolausbrauch im Abendland,
    in: Forschungen zur Volkskunde, Heft 9 bis 12,
    Düsseldorf, 1931, S. 310ff.

12 Carl Anders Skriver, Der Weihnachtsbaum. Geschichte und
    Sinndeutung, München, Starczewski Verlag 1966, S. 29

13 Martin Luther und der Bergbau im Mansfelder Land. Aufsätze,
    hrsg. v. Rosemarie Knape, Lutherstadt Eisleben, Stiftung Luther-
    gedenkstätten in Sachsen-Anhalt, 2000

14 Alfred Wirth, Anhaltische Volkskunde, Dessau, C. Dünnhaupt-
    Verlag 1932, S. 112f.

15 Jörg Haustein, Martin Luthers Stellung zum Zauber- und
    Hexenwesen, Münchener Kirchenhistorische Studien, Band 2,
    Stuttgart, Berlin und Köln, Verlag W. Kohlhammer 1990

16 Wiggert, Über Martin Luthers Schülerleben zu Magdeburg und
    den dortigen Verein der Brüder vom gemeinsamen Leben im
    Thal des h. Hieronymus. Programm des Domgymnasiums zu
    Magdeburg, 1851

17 Ernst Krziwanie, Advent, Advent. Bräuche der Weihnachtszeit
    zwischen Altmark, Unstrut, Harz und Fläming. Kulturreisen
    in Sachsen-Anhalt. hrsg. v. Christian Antz, Dössel, Verlag Janos
    Stekovics 2010, S. 65ff.

18 LCI. Lexikon der christlichen Ikonographie, hrsg. v. Engelbert Kirschbaum SJ u. a., Sonderausgabe, Band 2, Rom, Freiburg, Basel und Wien, Herder Verlag 1994, S. 402

19 Erika Kohler, Martin Luther und der Festbrauch. Aus dem Nachlaß hrsg. von der Württembergischen Landesstelle für Volkskunde Stuttgart, Mitteldeutsche Forschungen, Band 17, Köln und Graz, Böhlau-Verlag 1959, S. 89

20 Agricola(?)-Nachschrift einer Predigt vom 25.12.1520, in: Erwin Mühlhaupt, D. Martin Luthers Evangelien-Auslegung. 1. Teil Die Weihnachts- und Vorgeschichten bei Matthäus und Lukas, Göttingen, Verlag Vandenhoeck & Ruprecht 1951, S. 195

21 Friedrich Gottlob Hofmann, Katharina von Bora oder Dr. Martin Luther als Gatte und Vater. Ein Beitrag zur Geschichte der Priesterehe so wie des ehelichen und häuslichen Lebens des großen Reformators nach den Quellen bearbeitet, Leipzig, Verlag Julius Klinkhardt 1845, S. 142 Anm. 22

22 Rörer-Nachschrift einer Predigt vom 25.12.1525, in: Erwin Mühlhaupt, D. Martin Luthers Evangelien-Auslegung. 1. Teil Die Weihnachts- und Vorgeschichten bei Matthäus und Lukas, Göttingen, Verlag Vandenhoeck & Ruprecht 1951, S. 73

23 Thüringische Geschichtsquellen, N.F., Band 5 = Ernestinische Landtagsakten, Band 1: Die Landtage von 1487 bis 1532, hrsg. v. A. H. Burkhardt, Jena: Gustav Fischer-Verlag, S. 186f. Nr. 350

24 Rörer- bzw. Stoltz-Nachschrift der Luther-Predigt vom Nachmittag des 25.12.1538, in: WA 29; Erwin Mühlhaupt, D. Martin Luthers Evangelien-Auslegung. 1. Teil Die Weihnachts- und Vorgeschichten bei Matthäus und Lukas, Göttingen, Verlag Vandenhoeck & Ruprecht 1951, S. 210

25 Rörer-Nachschrift einer Predigt vom 25.12.1525, in: Erwin Mühlhaupt, D. Martin Luthers Evangelien-Auslegung. 1. Teil Die Weihnachts- und Vorgeschichten bei Matthäus und Lukas, Göttingen, Verlag Vandenhoeck & Ruprecht 1951, S. 190

26 Agricola(?)-Nachschrift einer Predigt vom 25.12.1520, in: Erwin Mühlhaupt, D. Martin Luthers Evangelien-Auslegung. 1. Teil Die Weihnachts- und Vorgeschichten bei Matthäus und Lukas, Göttingen, Verlag Vandenhoeck & Ruprecht 1951, S. 196

27 Rörer- bzw. Lauterbach-Nachschrift der Luther-Predigt vom Nachmittag des 25.12.1530, in: WA 32; Erwin Mühlhaupt, D. Martin Luthers Evangelien-Auslegung. 1. Teil Die Weihnachts- und Vorgeschichten bei Matthäus und Lukas, Göttingen, Verlag Vandenhoeck & Ruprecht 1951, S. 205 und 207

28 Rörer- bzw. Lauterbach-Nachschrift der Luther-Predigt des 27.12.1529, in: Erwin Mühlhaupt, D. Martin Luthers Evangelien-Auslegung. 1. Teil Die Weihnachts- und Vorgeschichten bei Matthäus und Lukas, Göttingen, Verlag Vandenhoeck & Ruprecht 1951, S. 210f.

29 Elke Strauchenbruch, Luthers Kinder, Leipzig, Evangelische Verlagsanstalt, 2010

30 Andrea Dapper, Zu Tisch bei Martin Luther, hrsg. v. Harald Meller, Halle, Landesamt für Denkmalpflege und Archäologie Sachsen-Anhalt, 2008

31 Georg Buchwald, Volkskundliches bei Luther, Köln, Hermann Schaffstein Verlag 1936, S. 36f.

32 Albrecht Thoma, Katharina von Bora. Geschichtliches Lebensbild, Berlin, Verlag von Georg Reimer 1900, S. 49

33 Martin Schmidt, Luthers Predigt und unsere Predigt heute, in: Luther. Zeitschrift der Luther-Gesellschaft 1970, Heft 2, S. 72f.

34 Bäume leuchtend, Bäume blendend ... Eine Geschichte des Weihnachtsbaumes in Thüringen, Meininger Museen 2007, S. 38ff. Abb.

35 WA Tr. 4, S. 198 Nr. 4201

36 Walter Friedensburg, Urkundenbuch der Universität Wittenberg, Teil 1 (1502–1611), Geschichtsquellen der Provinz Sachsen und des Freistaates Anhalt, N.R. Band 3, Magdeburg 1926, S. 278 Nr. 275

37 Luther Deutsch. Die Werke Martin Luthers in neuer Auswahl für die Gegenwart, hrsg. v. Kurt Aland Band 9: Martin Luther. Tischreden, Berlin, Evangelische Verlagsanstalt, 2. Auflage 1953, S. 292f. Nr. 498 (Autobiographischer Anhang)

38 Werner Schade, Die Malerfamilie Cranach, Dresden, Verlag der Kunst 1974, S. 405

39 Gustav Kawerau (Hrsg.), Der Briefwechsel des Justus Jonas. Gesammelt und herausgegeben. (2 Teile in einem Band) (Repografischer Nachdruck), Geschichtsquellen der Provinz Sachsen und angrenzender Gebiete, Band 17, Teil 1, Hildesheim, Georg Olms Verlagsgesellschaft 1964, S. 381f. Nr. 477

40 Karl Pallas, Die Registraturen der Kirchenvisitationen im ehemals sächsischen Kurkreise. 1. Teil: Die Ephorien Wittenberg, Kemberg und Zahna, Geschichtsquellen der Provinz Sachsen und angrenzender Gebiete, Band 41, Halle, Verlag Otto Henkel 1906, S. 83, 114, 258, 93, 471, 503, 48, 50, 47 und 86

41 Erika Kohler, Martin Luther und der Festbrauch, Mitteldeutsche Forschungen. Band 17, Köln und Graz, Böhlau Verlag 1959, S. 71, nach: WA Tr. 2, S. 412, 4 Nr. 2302 b; Handwörterbuch des deutschen Aberglaubens, hrsg. v. Hanns Bächtold-Stäubli unter Mitwirkung von Eduard Hoffmann-Krayer, Band 3, Berlin und New York, Verlag Walter de Gruyter 1987, Sp. 1301

42 Johann Karl Seidemann, Luthers Grundbesitz, in: Zeitschrift für die historische Theologie, Jg. 1860, IV. Heft, S. 476, 477

43 Otto Lauffer, Der Weihnachtsbaum in Glauben und Brauch, Berlin und Leipzig, Verlag Walter de Gruyter & Co 1934, S. 22

44 Georg Buschan, Die Sitten der Völker. Liebe. Ehe. Heirat. Geburt. Religion. Aberglaube. Lebensgewohnheiten. Kultureigentümlichkeiten. Tod und Bestattung bei allen Völkern der Erde, Band 3, Stuttgart, Berlin und Leipzig: Union Deutsche Verlagsanstalt o. J., S. 244f.

45 Konrad Sturmhoefel, Kurfürstin Anna von Sachsen. Ein politisches und sittengeschichtliches Lebensbild aus dem XVI. Jahrhundert, Leipzig 1905, S. 248

46 Johs. E. Rabe, Kasper Putschenelle, Hamburg 1924, S. 12ff.

47 Alfred Rohde, Alte Kalendarien, in: Die Uhrmacherkunst, Halle 27. März 1925, S. 233 Abb., nach: Max Engelmann, Das Meisterstück des Paulus Schuster, in: Mitteilungen aus den sächsischen Kunstsammlungen, 1911, S. 31

48 Gundel Paulsen, Weihnachtsgeschichten aus Brandenburg, Husum, Husumer Druck- und Verlagsgesellschaft, 1981

49 Karl Pallas, Die Registraturen der Kirchenvisitationen im ehemals sächsischen Kurkreise. 1. Teil: Die Ephorien Wittenberg, Kemberg und Zahna, Geschichtsquellen der Provinz Sachsen und angrenzender Gebiete, Band 41, Halle, Verlag Otto Henkel 1906, S. 43f.

50 Georg Buchmann, Annales oder Geschichtsbuch und die Chronica der Stadt Züllich, Küstrin/Brandenburg 1665, nachgedruckt in: Gundel Paulsen, Weihnachtsgeschichten aus Brandenburg, Husum, Husumer Druck- und Verlagsgesellschaft, 1981, S. 117f.

51 Wilhelm Bernhardt, Das Gymnasium zu Wittenberg 1520 bis 1868. Festschrift zur Feier der Einweihung des neuen Gymnasialgebäudes zu Wittenberg am 10. Januar 1888, S. 52 ff.

52 Bad Schmiedeberg. Chronik aus der Gaststätte »Schwarzer Adler« von Otto Uhlemann. Redaktionsschluß Januar 1956. Gefunden

53 V. Paul, Weihnachten, wie es früher war. Vom Volksfest zum Familienfest, in: Alfred Oestergard, Welt und Wissen, Berlin 1925, S. 319

54 Rudolf Reichardt, Die deutschen Feste in Sitte und Brauch, Jena, Verlag Hermann Costenoble, 2. Auflage 1911, S. 36

55 Niederdeutsche Zeitschrift für Volkskunde, 1930

56 Adolf Spamer, Weihnachten in alter und in neuer Zeit, Jena, Verlag von Eugen Diederichs 1937

57 Berliner Weihnachtsmarkt: Bilder und Geschichten aus 5 Jahrhunderten v. Christa Lorenz, Berlin, Berlin-Information 1987, S. 55

58 Karl Ewald Fritzsch, Zur Geschichte der erzgebirgischen Weihnachtspyramide, in: Sächsische Heimatblätter, 1966, S. 474–499

59 Carl Gottfried Kießling, Von Christ Geschenken, 1737, S. 18: Die Heiligen Christgeschenke

60 Ernst Krziwanie, Advent, Advent. Bräuche der Weihnachtszeit zwischen Altmark, Unstrut, Harz und Fläming. Kulturreisen in Sachsen-Anhalt, hrsg. v. Christian Antz, Dössel, Verlag Janos Stekovics 2010, S. 140

61 Ingeborg Weber-Kellermann, Das Weihnachtsfest – Eine Kultur- und Sozialgeschichte der Weihnachtszeit, Luzern und Frankfurt, Bucher 1978

62 Siebigk, Ein Bild aus Dessaus Vergangenheit. Vortrag, S. 21

63 Friedrich Wilhelm Bautz, Falk, Johannes Daniel, in: Biographisch-Bibliographisches Kirchenlexikon, Band 1, 1990, Sp. 1593–1597; Franck, Johannes Falk, in: ADB, Band 8, 1877, S. 549–551

64 Jahrbuch für Volkskunde, Würzburg, Innsbruck und Hamburg, Echter-Verlag 2000, S. 30ff.

65 Sigrid Nagy, Es wuchs ein Baum im Paradies. Wie Luther im 19. Jahrhundert zum Weihnachtsbaum kam, Weimar, Wartburg-Verlag 2003

66 Robert Sears, The Historical and Scientific American Miscellany, Columbus/Ohio, Verlag Henry Miller & Co. 1861, S. 33–35 Abb.

67 Übersetzung von Anton Hieke

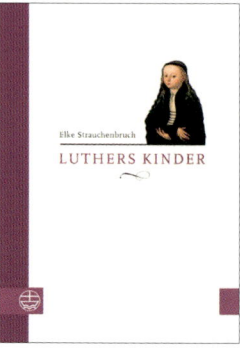

Elke Strauchenbruch
Luthers Kinder

208 Seiten | 12 Abbildungen
Hardcover
ISBN 978-3-374-02812-2
EUR 14,80 [D]

Weder Pest noch Standesunterschiede hielten Luther davon ab, eine »wunderlich gemischte Schar aus jungen Leuten, Studenten, jungen Mädchen, Witwen, alten Frauen und Kindern« aufzunehmen. Mit Humor, Liebe und Nervenstärke erzogen er und seine Frau Katharina von Bora sechs eigene und zahlreiche andere Kinder von Verwandten und Freunden.
Die Historikerin Elke Strauchenbruch erzählt vom Familienleben im Hause Luther und berichtet, was aus den Kindern des großen Reformators wurde, der die »Kleinen« für die »größte und schönste Freude im Leben« hielt.

EVANGELISCHE VERLAGSANSTALT
Leipzig

www.eva-leipzig.de

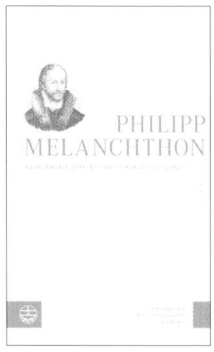

Bettine Reichelt

Philipp Melanchthon

Weggefährte Luthers
und Lehrer Deutschlands

Eine biographische Skizze
mit Aussprüchen und
Bildern

136 Seiten | 13 Abbildungen
Klappenbroschur
ISBN 978-3-374-02781-1
EUR 14,80 [D]

Der Humanist, Reformator und Lehrer hat nicht
nur die Kirche, sondern vor allem die Bildung
und Politik seiner Gesellschaft außerordentlich
geprägt. Seine Spuren sind bis heute erkennbar.
Bettine Reichelt hat mit diesem Buch eine be-
schwingt geschriebene Biographie Melanchthons
verfasst, die sie mit Zitaten aus Briefen, Gedichten
und Glaubenstexten abrundet.

EVANGELISCHE VERLAGSANSTALT
Leipzig

www.eva-leipzig.de